改变，从阅读开始

漢唐陽光 · HTYG

你可以改变

[瑞典]
迈茨·比尔马克
苏珊·比尔马克 著

朱丽娟 译

江苏凤凰文艺出版社
JIANGSU PHOENIX LITERATURE AND ART PUBLISHING, LTD

图书在版编目（CIP）数据

你可以改变 /（瑞典）迈茨·比尔马克，（瑞典）苏珊·比尔马克著；朱丽娟译. --南京：江苏凤凰文艺出版社，2017.5

书名原文: LEARN TO LIVE

ISBN 978-7-5594-0312-4

Ⅰ. ①你… Ⅱ. ①迈… ②苏… ③朱… Ⅲ. ①群体心理学—通俗读物 Ⅳ. ①C912.64-49

中国版本图书馆 CIP 数据核字（2017）第 087878号

版权登记号 图字：10-2017-143号

书　　名	你可以改变
著　　者	（瑞典）迈茨·比尔马克　苏珊·比尔马克
译　　者	朱丽娟
责任编辑	黄孝阳　汪　旭
出版发行	江苏凤凰文艺出版社
出版社地址	南京市中央路 165 号，邮编：210009
出版社网址	http: //www.jswenyi.com
印　　刷	北京玺诚印务有限公司
开　　本	787 × 1092 毫米　1/32
印　　张	9.25
字　　数	110 千字
版　　次	2017 年 5 月第 1 版　2017 年 5 月第 1 次印刷
标准书号	ISBN 978-7-5594-0312-4
定　　价	42.00 元

（江苏文艺版图书凡印刷、装订错误可随时向承印厂调换）

献给

茱莉亚

我们的爱女和灵感之源

目录

CONTENTS

代序

FOREWORD

受亲爱的朋友迈茨和苏珊的邀请，我十分愉快地读完了这本书。读完此书，我了解到他们曾经的挣扎，而他们回归快乐与和谐的过程，对我们所有人来说都是智慧的源泉。这么勇敢地袒露如何满足自身和彼此的要求，以及曾向他人所寻求的帮助，显示出他们极大的内在能量。

我确信，很多人读了迈茨和苏珊所分享的经历之后，会受益匪浅，会感到被赋予了改变生活的能量，并开始倾听自己的内心所想并自我反思。因此，我怀着愉悦的心情推荐你们读这本书，挖掘出迈茨和苏珊意欲分享的启发和能量。

迈克尔·沃思维恩

（Mikael Werthwein）

作者的话

AUTHORS

迈茨·比尔马克

我出生在瑞典小城卡尔玛（Kalmar）。我的第一份工作是自己创业所得，之后一直是一名老板和企业家。多年来，为了隐藏自己的焦虑，我表现得性格外向而友好。我怀疑很多人都认为我是个自我评价很低的人。

最近几年，我将工作放在“心理疾病”这个对我来说十分重要的主题上。2011 年，我第一次在卡尔玛的一家宾馆开设了一场名为“心灵健康”的讲座，获得了出乎意料的反响。在卡尔玛举行了六次座无虚席的讲座后，我又穿梭于多个城市并举办讲座。2013 年，我出版了有关“心灵健康”系列课程的 DVD 光盘。近些日子，我新的研究重点是更多地活在当下。我完全相信，人在哪儿心在哪儿是生活得令人更满意、更快乐、更幸福的基础。

我依然对压力很敏感。无论是好还是坏，我最终意识到自己不可能会拥有精力衰退和生病之前所能拥有的精力和能量。而今，我已经更好地认清了自己，也更加了解自己的弱点。

苏珊·比尔马克

我出生在瑞典的路德维卡。我曾经是个害羞的孩子，庆幸的是，围绕在身边的是一群创造力强、性格外向的小伙伴。从他们身上，我学会了敢于做自己想做的事。最终，我克服了羞怯，并学会如何走出个人的舒适空间，从而逐渐变得更加自信。经历一桩桩事件之后，我经常自顾不暇。有段时间我很难拒绝别人，因为担心不被人喜欢。

事情过后，我才意识到自己是因精疲力竭而患上抑郁症的，想不到像我这么坚强的人竟然也会戏剧性地感到崩溃。我抑制自己的欲望，不把自己当回事，没有意识到自己也应该被好好照顾。不过，近几年我重新发现了自己的创造力。我也已经学着如何提升自己的创造力并使之成为我每天生活的一部分。直觉告诉我创造东西可以让我变得健康。事实也正是如此！创造力对于我的恢复实在太重要。如果早点意识到这点就好了。现在它成了我生活中十分重要的一部分，也是提高生活质量和健康水平的重要工具。出于这个原因，我加了一整章关于创造力的内容。

这些日子以来，我面临的最大挑战是减肥和嗜糖症。我讨厌流汗和运动，所以减肥真不是件易事！很长一段时间以来，我的身体都没有得到过应有的尊重。现在我把身体健康视为最重要之事。我觉得它太重要了，毕竟我已年逾五十！

关于我们

1995 年，我们相识于卡尔玛。那时，迈茨正在筹备一个会议，并急需一名（会议室）装潢师。自那以后，我们就一直在一起工作，从未分开过。

1996 年 5 月，我们的女儿茱莉亚出生了。2011 年，当两个短期寄养的孩子艾尔莎（2004 年出生）和马丁（2009

年出生）加入进来后，我们的家庭变得更加热闹了。

对于瑞典的寄养关爱体制，我们很难给其他国家人解释清楚，总结起来大致是：在瑞典，有很多孩子依然在其父母的监护之下，但有一段时间要被送到“寄养家庭”中，让生身父母变得轻松一些，同时也让孩子暂时脱离一直熟悉的环境以感受另一种生活方式。这是一种可以让孩子认知更多的成人角色典型，并拓展交际圈的方式。

我们为什么写这本书?

有时候会设想，当初十分低落的时候，我们得到了这本书会怎样呢？现在，这本书就在你手中！我们希望它将会帮助很多像我们一样，还没意识到要暂时搁置手中的事务，调整生活方向的人们。

虽然当时没这本书，但是我们拥有彼此。在最糟糕的日子里，我们并没有感觉是在彼此相互帮助，但是一直拥有对方的支持和理解，都明白压力和焦虑对我们是多么大的挑战。我们的医生建议我们写下这些经历，我们照做了，但是当时未打算将这些与任何人分享。后来，我们的一些朋友读到了这些日记并为之深深打动，我们才知道写下的东西可以帮助那些有着同样问题的人。

我们期望你能在问题还没到我们那么严重时，及时停下脚步。

我们希望你能细细地品味这本书。读上一章，让所有的信息沉入内心，然后再想想如何与你的生活相联系。你也可以着重阅读与你的生活关系最密切的那些章节。

你会因改变而更美好！

活在当下

Living in the moment

当一位智者被问到人性中最令他称奇之处时，他回答道：

> 人，总是会牺牲健康以换取钱财，然后又花钱来买健康。因此总是对未来感到焦虑，却从未享受过现在。这将导致他既没生活在现在也未曾享受过未来；他活着时似乎从未想过死亡，最终还没真正活过就与世诀别了。

至少有那么一次，我们完全能感觉到一切井然有序。我们感受到了想保持的冷静和内心的平和，但这种感觉稍纵即逝。你很明白这意味着什么——那种短暂地、完全地沉浸在与你的孩子、父母或者宠物相处时的极大愉悦里。本质上这也是一种神奇的经历。

如果你明白我们在谈论什么，你现在就已经有了些许完全沉浸在当下的感觉了！

为什么？为什么生活在当下这一刻那么难？我们的大脑不停地思考着将来，并分析此刻的所为将会对未来产生怎样的影响。我们分析过去，并运用那些信息获得新的创造性的理念、见解和解决方案。这就是我们为什么会越来越忙，并且对未来和过去比对现在更感兴趣的原因。

过去定义了我们，并给予我们身份意识。将来孕育着成功和幸福的希望。但是现在呢?

喋喋不休

我们沉浸在自己的思绪之中。从醒来的那一刻，脑海中的声音就开始响起来了，并且直到我们再次入睡才会消停。压力之下，我们甚至无法让自己的思绪获得十秒钟的安宁。

智力和思考能力是我们作为人类的最大财富，但是如果我们的大脑被噪音占据，以致丧失享受此刻的契机，那么我们的思考就真的成了我们的负担。我们应该使得对现在的感知和意识，和对过去和将来的思考，这两者之间保持一种健康的平衡。

很多人甚至无法意识到实际上他们一直在思考，从未中断。头脑中的声音一直在评论、推断、裁决、比较、抱怨、厌恶和喜好着。对很多人来说，这些想法都是产生压力、自卑、不愉快和失望等情绪的主要原因。

我们一直活在此时此地，但是我们很少意识到这一点。

脑海中持续不断的嗡嗡声使我们几乎不可能意识到。

迈茨讲的一个故事：

印象中有件事令我真正意识到我们的思维是多么地过度活跃。这件事发生在一家食品杂货店中。有个男人一直在通道里不停地上上下下，自言自语——晚饭吃什么，一会儿打电话该怎么说，等等。店里的其他人什么反应呢？对于这个举止怪异的男人，大家都绕着走。这让我突然意识到其实我们是一样的，那些他大声说出来的话就是我们所谓的“正常人”脑海中正对自己说的话。

追寻快乐

酒精、食物、性爱、运动和毒品都是能给人带来瞬间震颤性快感的事物，但会让我们有更多的需要和欲求。

快乐只是短暂的，因此人们经常追求新的肾上腺素的飙升。美国的一份研究报告显示，因一份新工作、一段新的恋情或一套新的公寓带来的幸福感不会超过三个月。而今我们买的越来越多，却并不能从中获得长久的满足感。

我们什么时候才能活明白？我们什么时候开始才能真正活明白？很多人深信新的恋情、变化、假期、孩子、工作等都会让他们获得真正的快乐。

“来世不可待，往世不可追也。”——庄子

很多人都因对现状的不满，而痴迷在对未来的向往中。太多人认为金钱将会买来真正的快乐。然而，让我们做一个思维测验。假设你中了彩票。你开心了几个月后，不满足感又开始蔓延，你又会回到像往常一样的生活中。如果不努力生活在当下，你将永远无法真正享受生活。

真正的快乐只能在当下才能感受到！

米卡埃尔·达伦（Micael Dahlén），是斯德哥尔摩经济学院的教授，曾经在他那本《下一个乌托邦》（*Nextopia*）中谈论过“垂涎社会”（Coveting Society）：

> 既然互联网让一切变得触手可及，我们认为快乐就在将来的某个地方，而非现在。在电视和电脑中，我们看到各种各样的可能性和事物，让我们又嫉又恨，并让日常的现实生活相形见绌。

很多人焦躁不安，希望自己生活在别处，或别的时间。他们很少对此时此地的处境满意，或从不觉得够好。

你会不会觉得那些天、那几个月和那几年快得如白驹过隙？唯有一种方法可以让我们停下来体验时间——那就是更清醒地意识到活在当下！

拥有一切和依然一无所有：

> 我们有两个朋友，他们整个夏天都带着一个四

岁、一个六岁的两个孩子旅行，他们的日程安排得满满当当，几乎游遍了瑞典所有游乐场，拜访了所有的朋友。初秋时节，我们遇到他们时，问及他们的夏天。他们回答道："感觉这个夏天哪儿都有我们的影子，但又好像哪儿都没去过！"

幸福就在眨眼之间

当著名的瑞典足球运动员亨利克·瑞德斯特罗姆（Henrik Rydström）踢完职业生涯中的最后一场球时，一件特别的事情发生了：

> 我的最后一场球赛结束了。当面向观众时，我看到一张十分熟悉的面孔——奥尔多，我童年时期的教练，他穿越了62英里来看我。我走向他，从人群中拉他出来，抓住他的手说："奥尔多，看到你真好！"他的眼眶润湿了，激动得说不出话来。这正是生命中的许多重要时刻之一，曾与你紧密相连，与你相伴，就足以让每一次凄风冷雪中的紧张训练变得值当。值

得后来的一切。

在这个奇迹般的时刻，亨利克真实地感到活在生命中，并且以最了不起、最美妙的形式，体验到当下的那一瞬间。

当我们全神贯注于当下，生命中最愉悦的时刻就这样产生了。

学会更加关注现在的生活是一段奇异旅程的开始。它会将你带入一段从未经历过的内心安宁、高度清醒、愉悦和有活力的状态之中。

最初的旅程中，也许你仅能体验到当下的短短一瞬，但经过更多的训练和实践之后，你能感受到的周期将会更长。初期更容易的是退一步去想，再审视一下你自己的想法，告诉自己："脑海中有无尽的絮絮叨叨，但我就是来听这些絮叨的。"当倾听了自己的想法并弄清楚以后，你不仅更加清醒地意识到它们是什么，而且会发现自己亲身体验了这些想法。

新的意识已经存入你的脑海了。

你每一次在持续不断的意识流中停顿一次，都是在加强与此刻的联系。对于大多数人来说，这类断裂很少或很凑巧时才会发生。唯有与强烈的体验、身体的密切接触或极致的感官刺激相结合时才有这种可能。突然，宝贵的静止时刻出现了。很遗憾，这种时刻十分短暂，随后无尽的絮叨碎念又开始了。

事实证明，如果我们能够对当下所行之事全情投入、全神贯注，我们将会感到十分快乐。

学会将更多的时间运诸当下是你给自己最好的礼物。

如果你想对你的生活做些改变，就应选择尽可能频繁地活在当下。养成尽力将注意力从过去和未来中拉回现实的习惯，试着去关注你全情投入在此时此地的频率。这些将帮助你很快身临此境。

快速脱离无意识的状态。利用所有的感官系统。问问你自己：谁和我在一起？我听到了什么？我周围都有些什么？我闻到了什么味道？确保你不以价值为基础来评价和判定自己的体验，避免使用好或坏之类的词语。注意你的呼吸，感受空气在体内流入和流出。

将所有的注意力集中在此刻，并说出自己此时所遇到的问题。

如果你把所有的注意力都集中在当下，你的问题会减少！

现在开始做运动

学会更多投入到此刻之中，需要耐心和进行多次练习。一个合理的目标，即是去尝试创建更多供完全投入的时段，并且尽量减少对过去和将来的思考。每一次你在意识流中中断一次，你就又加强了与现在的一次联系。有规律地做下面这些运动才是个挑战：

冥想/呼吸

一整天里，尽可能多地关注你的呼吸。每个关注你的呼吸的时刻都会有所帮助。当你的思绪飘渺时，记下来，再重新回到关注呼吸中来。就这样尝试一分钟、五分钟，甚至半小时！

闭上你的眼睛。每次吸气时，想着“我在吸入”。每次呼气时，想着“我在呼出”。

关注你的呼吸。呼吸，并任一切顺其自然。

集中精力

无论你在哪儿，偶尔做做深呼吸并问自己：此时此地发生了什么？无论此刻你在做什么，有什么体验，请集中全部的精力。

自我肯定

每天至少一次，花最少一分钟、最多三分钟的时间重复下面的肯定性话语，你将会增强自己活在当下的决心：

“我要全身心、完全地活在当下。”

停止意识的绵延

花五到十秒钟感受当下，静静地问自己：

“我想知道我的意识将往何处去？”

身体扫描

努力增加你身体的感知力，那样你会关注你的整个身体。下载一个APP或者在网上找一张合适的CD。

瑜伽/气功

将身体和呼吸运动相结合，可以增强你的体质，也能让你更清醒地活在此刻和帮助你提高身体的感知力。

问自己：你活在当下吗?

用“经常”“很少”或“从不”，回答下面的问题：

· 你经常认为如果你只做这个或那个，一切会更好吗?

· 你经常觉得你的生命因超出你的掌控而快速流逝吗?

· 你经常会因假期结束或时间已到，却没完成该做的事而感到失望吗?

· 你经常以他人为先吗?

· 你经常觉得自己没有时间反思生命中经历的一切吗?

· 你经常忽视身体的疾病并不去医治吗?

如果你的答案有四次以上的“经常”，你应该看看，你面对当下的方式，有什么是可以改变的。如果你的大多数答案是“很少”或“从不”，那么很有可能，你已经开始这么做了。

细细揣摩一下你对这些问题的答案，并思考一下是否和所定义的幸福匹配。

这些问题来自一位瑞典作家伊娃·伯吉纳·霍维茨（Eva Bojner Horwitz）的书《为了健康而文化》（*Culture For Health's Sake*）。

比尔马克之法

下面这些方法将会帮助你更加清醒并参与到当下中来。

1. 大声地、或默默地对自己说“当下”。这将会让你注意并中断意识的流动。

2. 关注你接下来的五次呼吸。默默地对自己说“吸气，呼气”。

3. 对自己或大声或默默地说出现在在做的事情。越详细越具体越好。不要用价值评判类的词语，比如好、恶心、丑陋或不错之类。例如：

“我正坐在电脑前给我儿子写邮件。现在我正在发送。”或者，“我正在吃着一份有番茄、黄瓜和虾的沙拉。我用叉子叉了一点并送入口中。”

每天至少练习一次上述的一条或全部方法。

尽可能多地专注于你的呼吸。集中精力呼吸是活在一个更现实的当下的关键和基础。

自我

The ego

“每一个重要选择背后都是人性使然。我们要么继续生活在一个传统的以自我为导向的意识中，要么选择活在一个新的参与性导向的意识中。”

——埃克哈特·托尔（Eckhart Tolle）

自我厌恶当下，认为当下不过是一段等待跨越的距离，而将来某个时候我们会很快乐。

自我永远不会满足，也不认为有什么是够好的。

为了达到自我所谓的“快乐”，人们狂热追求权力、金钱、他人的认可、财富和强壮的体魄。有那么一段时间，他们觉得好点。

只要你的自我主宰着你的生活，你就会一直处于猎取新的体验、工具和动力的过程中……自我的人，需求永远难以满足。当自我获得无上权利的时候，你将会一直处于不安和恐惧之中。

自我永远不会安于静止，会一直寻求赞同，并总带着评价别人的强烈愿望。自我也需要不断的掌控和恨比天高的期望。

思维中的本我，及你在多大程度上让脑海中喋喋不休的声音左右着你的行为和选择，决定了自我的强度。

我们需要从外部审视自己并对自己说：

“我在这里，而且有很多念头在我的脑海中盘旋。”

“自我成就了一个错误的本我，

曾使我们相信彼此隔离，

并脱离世界。”

——韦耶 · W · 迪耶尔（Wayne W. Dyer）

你的自我越强大，你离真正的、真实的自己越遥远。

你并非你的自我。你的自我是你的自身定位、你的社交面具，及所扮演的角色。

Facebook网站：

当打开Facebook网站上“活在当下”的页面，我能感受到自我有多强大。自一开启，这个页面就是一个很大的成功。我的自我也随着每天得到的“赞”

开始膨胀。每天点开这个页面，我就获得了一个肯定——这个页面和我自己都很受欢迎，大量的胺多酚让我“嗨极了”。只要我觉得有点低落或者想要来点胺多酚时，我就访问这个页面，这样一来，我的自我就会获得极大的满足。慢慢地我依赖上了得到新的赞和正面的评论。

最终，苏珊的一句话“唤醒”了我：“你一边通过你的‘自我’主导你的生活，一边说人们不应该这样，你不觉得这很矛盾吗?”我这才惊醒并意识到我行为上的错误。这就是我如何轻易被自我所主宰的，尽管我一直认为自己很清醒。

如果你活在当下，并感恩周围的一切存在和你的一切，那么你将会驯服自我。

在“自我评价”那一章的结尾，你将会找到感恩日记的训练。这种训练也将对缩小你的自我有所帮助。

一旦你学会更多地活在当下，你就会挥别过去不健康的自我。为了获得内心的平和，我们要放弃对新的刺激的追求，放弃自我并少想着它。唯有花更多的时间活在当下，才能获得真正的内心平静。

当你用自我衡量你自己时，你的价值观就会建立在自己的外在和成就上。

“道歉并不总是意味着你错了，别人对了。而可能意味着较之于自我，你更在乎你的人际关系。”

——无名氏

预期焦虑

Expectation anxiety

当我们设想一些令人失望的或糟糕的事即将发生时，就会产生预期焦虑。事实真相却是：现实永远没有我们想象的那么糟。

每一次当你担心会有糟糕的事情发生时，记下来，然后与实际发生的事实对比。你会发现，你的担心都是与现实毫无关系的幻象。

坦诚地告诉自己，类似的反应发生了几次。你会被焦虑掌控，并使你脱离自己的生活吗？你会因为那些“假如”带来的焦虑，而放弃自己的梦想吗？

你曾因此而错过了多少激动人心的体验呢？

迈茨曾经拒绝了一次旅行：

有一次，我的雇主热情地邀请我去巴黎过周末。他们已经在预算内筹划好了一切；这本是对辛勤工作的我们的一次完美回馈。但那时，我内心一直充满紧张和焦虑，更别提还要坐飞机了。我一接到邀约，很多消极的念头就在脑海中倾泻而出：如果飞机坠毁，我因此殒命了呢？如果我被安排和一个不太喜欢的人住，以至无法入眠怎么办呢？诺大一个城市，如果我走丢了、被揍了、被抢劫了怎么办呢？如果我恐慌症发作又无法上医院怎么办呢？

从没去过巴黎的我真的很想去巴黎。但因为有太多的消极顾虑，我还是拒绝了邀约。同事们回来后，一直谈论着他们在巴黎遇到的那些乐事，我觉得更沮丧了。

苏珊曾经将一件小事当成一座山似的压着自己：

我也有过被幻想中的焦虑操纵的经历。那时，我们刚搬到这个街区。一次，在停车场，我开车门，不小心撞到了邻居家的车。大约有一天半的时间，我的脑海中一直萦绕着邻居会是什么反应的糟糕画面。我猜我可能划了一道印子，甚至撞了个凹痕，我因担心邻居会暴跳如雷，冲我大声怒吼，而吓得半死。

不多久，我在停车场见到了他，并告诉他事情的经过。他告诉我，他甚至都没注意到。没有凹痕，只蹭了一点点漆，很容易就抹掉了。他因我的诚实而道谢，我却为此事费了整整一天半的时间，来假想可能发生的种种糟糕场景，而这毫无必要——真是太浪费精力了！

这些都是我们不得不往最坏处乱想的经典例子，尤其对于已经被焦虑折磨过的人来说更是如此。焦虑在体内萌生后，我们就会设想许多糟糕的“如果”，产生肾上腺素。当体内贮存了肾上腺素后，我们又变得担忧和焦虑。

无论是消极的“如果”，还是积极的“如果”，都表达了一种预想。消极的“如果”使我们充满焦虑，积极的“如果”使我们充满愉悦。你可以选择创造哪一种情绪。

一直按照上面提到的那种焦虑思维去想问题，很容易做到，但没什么用。真正有用的是积极地思考问题。这关系到你的习惯的改变。

反复练习朝“如果”的相反面去思考，既具有积极性也有现实性。

“经常期待会有好事发生。”

——尼多 · 屈宾（Nido Qubein）

压力——人的一种病症

Stress – A disease of the people

瑞典作家、记者安妮塔·戈德曼（Anita Goldman）很多年前曾写过下面这段话：

> 我们不是在讨论“警示符号”。我们在讨论一种病症。我们讨论的是处于严峻危机的文明世界。我们创造了一个无法适应的社会。不适应的并非尚需照顾的婴孩、养老院里的孤寡人士，也不是标志着社会取得显著进步的重要代表——拥有高学历、高收入、兼顾着家庭和事业的年轻女性（她们无法兼顾，而是崩溃了）。我们能通过适当地改变工作环境，创造更多的兼职机会和改善儿童照管办法来解决这一切吗？窃以为危机已经深重到难以解决。我们已经无法适应这个人类自身建立的社会了！

摧毁性压力是一种能击垮任何人的常见病症。与你贫穷还是富贵，年轻还是年老，男人还是女人，有没有工作都无关系。

我们一直生活在电子器材和机器不停的嗡嗡轰鸣中，很少获得安宁。电器还带来一种功能——让我们选择什么时候醒着。我们已经极大地延长了醒着的时间，休息和放松的时间便随之减少。

我们的祖先日出而作，日落而息。并不是说过去的一切更好，但我们的确能从过去学到很多，包括很多在通往工业发展的道路上丧失的基本技能。很多基本技能都是生物学上的自然拓展。我们身体的很多功能依然和祖先是一样的。

我们的行为改变了，但大脑没变！

安妮塔·戈德曼继续阐述了一些我们应该考虑的事情：

> ……我们的大脑不是用来处理我们遇到的各种各样的过量信息的……而是为了让我们能在旷野中享受平和宁静的生活。

慢性压力会使身体的许多机能失去平衡。生理学上而言，出现这种情况我们的身体会给出明确信号，但是智力总是让我们忽视了这些信号。

压力的定义

压力是为极度透支身体所作的准备。肾上腺素和皮质醇——经常被人称作“战或逃”的荷尔蒙，隐藏在很多药剂中。自人类存在开始，只要活着，“战或逃”就成了人类的本能之一，这种本能告诉我们是要逃避还是抗争。

压力层级1

当我们准备抗争或逃避的时候，肾上腺素水平、血压和血糖都会上升。身体的“休息和消化”荷尔蒙——脑垂体分泌素依然在正常运转。一旦威胁解除，我们很容易就能回到放松状态。我们的身体会将体内贮存的剩余能量尽力释放出来，产生紧张感和压力。我们需要进行身体劳作以释放过剩的能量。压力激发我们战斗。我们因此受到激励并愉快地完成身体所需开展的工作。

压力层级2

皮质醇水平上升，肾上腺素达到最高值。皮质醇导致我们体内所贮存的脂肪和蛋白质消解，会一边消耗肌肉蛋白质，一边贮存腹部脂肪。一旦皮质醇水平上升到一定值，我们的血清素水平就会下降，这将会导致抑郁和焦虑。高的皮质醇水平和身体能量都是为了维持机体的存活。一种使人放松的荷尔蒙——催产素，会减少。性激素也会减少，从而降低我们的性欲。

我们经常对身体各项问题之间的联系视而不见，比如溃疡、头疼、失眠和压力水平等。忽视身体的警告，无价值感和无力感便会随之而来。这些都将导致易怒，我们会很容易就与身边的人和事产生冲突。还会没来由地感到焦虑和不安。

压力层级3

若压力荷尔蒙长期以来一直很活跃，我们会感到随时都可能会崩溃。我们的肾上腺无法维持皮质醇的分泌时，就会停止工作。于是我们的情绪、睡眠状况和记忆力都会产生问题。我们处于患重病的危险之中。性激素、催产素和其他抗压荷尔蒙都会受到抑制。我们感到身体枯竭，对工作和家庭都感到没有意义，对未来感到焦虑。到了这个地步，我们可能会将自己与朋友、家庭隔离。我们与自己失联了。眼下，我们要尽很多责任，但很难听得进他人的意见。我们甚至可能失忆，可能受焦虑的困扰。我们会对自己失去信心，不再在意曾经视为很重要的事物。我们会被彻底的崩溃所击垮。

肾上腺素耗尽

肾上腺素的耗尽与长期处于压力状态有关。肾上腺激素不再正常运转，这会导致几种不同的生理和心理症状。一般的症状包括：即使休息也无法恢复的极度疲乏，记忆紊乱，神经质，焦虑，失眠和心悸等。问题在于，肾上腺素耗尽并非突然造成的，而是经长时间逐步加剧造成，因此这个症状极易被忽视。尽管如此，问题无法被忽略，我们终于身患重病致死。一般出现六个月以上的多种压力病症，才能诊断出肾上腺耗尽。

识别压力

识别和注意生活中压力的来源十分重要。一旦这么做了，你可以避免或减少压力产生的来源。

显然，有些压力的来源是你无法改变的。你能改变的是对它们的反应。

你的应对可能导致更大的压力和焦虑，头疼，失眠，高血压，溃疡，背疼，精力无法集中，抑郁和/或自我评价极低。让我们称之为“消极应对”。消极应对是一种选择。

什么？怪我自己？

在最低落的时候，无论是作为一对夫妇，还是作为各自独立的人，我们都几近崩溃。我们的身体一直发出大量的危险信号，但是我们一直忽略了它们。我们一直感觉筋疲力竭，从来不觉得精力充沛。我们经常发怒，为很小的事情争吵，并且无法集中注意力。我们的时间几乎都被没完没了的事情和责任消耗殆尽，但我们没有真正完成过一件事。我们曾因现在的状态埋怨周围的任意事物，却从来不埋怨自己，并且从未意识到，我们就是造成自己问题的元凶，我们需要对自己的状态负责。

以下是韦克舍大学的社会心理学家柏塞·安格洛（Bosse Angelöw）的一些睿智之语：

> 我们从小受到的训练就是以解决问题为导向的。我们的教育要求我们成为能用批判性思维技巧解决问题的人，经常寻求问题以解决。我们将精力集中在消极的事儿上。比如冲突和困难。我们从来不提积极的事儿——甚至不知道怎么做。如果每天结束时，我们想着进展顺利的事情而不去想那些不顺的事情，我们就会感觉很棒，也不会有压力。无论是工作、家庭还是爱好，我们想到坏的一面时也应该想想好的方面，然后再让事情朝好的方面发展。这种积极的心态将会转变你的思维，让你充满能量和积极性，而非充满压力。

“很多人顶着压力去挣钱，只为支付得起休闲活动。”

——奥图·路德维希（Otto Ludvig）

关闭开关

Turning off

曾经有媒体报道过一个著名的瑞典艺术家几近崩溃的故事。内容提要写道："我几乎经历了彻底的崩溃，但是我现在已经学会关闭开关了。"当你感觉压力巨大无比时，最危险的就是你刻意忽视身体发出的警告信号。"关闭开关"就是趋于崩溃的第一步。

苏珊从未正视过警示信号：

多年来我一直选择关闭开关。问题层出不穷，但我把它们都压下来了。一段时间之后，即使大问题来临，也会很容易被压制下来。自年轻的时候开始，我经常保持沉默，好像自己永远不够好，从未被人理解。我有一大堆朋友，也从未被人欺负过，但我依然感觉无法融入正常的生活。回头想想，我意识到自己十分需要找个愿意倾听的人尽情倾诉。但没人了解我的感受，也没人能解释我的疑惑。我需要有人能告诉我，我的感觉是正常的、没有问题的，而且其他人也有类似感受。但我身边没这样的人。于是我关闭了情感开关。我任由自己随着人生的跌宕起伏四处漂流，生活中无论发生何事，我都听之任之，从未想过要掌控生活的节奏。

几年之后，很快，迈茨和我都陷入了人生的低谷。我甚至还得了一场病，可我还是关闭了感觉的开关。但是谁来照顾我们的女儿，并维持整个家庭的运转呢？我不敢承认自己的健康问题，陷入“拒绝承认现状”中无法自拔。如果那个时候迈茨和我都病倒了，无法想象事情会变成何种地步，因此我用仅存的一点能量挺了过去。当然，很多时候我都感觉自己快崩溃了：我被莫名的恐慌完全击倒，并常常气力全无。我全身紧绷，背部一直酸胀，肌肉疼痛。但我依然决定继续扛着，无视其存在。我开始失眠。就这样我陷入了恶性循环，陷入严重的抑郁。我的身体不断地对我尖叫，让我停下来，休息一下，深呼吸。但我呢？继续扛着，就像我父亲曾经教我的那样。下辈子再休息吧。我停止倾听身体的声音，甚至忘记了健康良好是什么感觉。我当时认为生活本该如此。

迈茨害怕见心理医生：

在最糟糕的时候，我特别想找个人聊聊。但就像苏珊一样，我已经关闭了情感开关。我并没有先让自己好起来。相反，我将注意力集中和围绕在身边的经济形势和公司的成功带来的巨大压力上。我的日历上标示着每天要开各种各样的会；我疲于奔命。我刚将一件待办事项划掉时，马上就有另一件事出现。我的工作一直做不完，也从未休息过。想将事情分清主次，仔细思考后划定界限并说个“不”字，变得越来越难。像苏珊一样，我也变得筋疲力尽。我睡得很差，患上了胃溃疡，背部疼痛严重，并饱受极度焦虑的困扰。

我觉得自己快撑不下去了，但一点解决的办法都找不到。我认为找心理医生不会有任何效果，并告诉自己只有精神上病得十分严重的人才需要心理医生。

健身房里我听到有人提到史提格·斯约德（Stig Sjöde），他是一个著名的瑞典精神指导。听起来他似乎毫无恶意，且很有帮助。我联系上了他，后来，我和他谈到了我童年时的遭遇。我将一些从未对任何人提及的秘密告诉了他。分享完这些精神负担后，我感觉自己难以置信地轻松。他教了我一些有助于放松的运动，慢慢地我感觉自己压力没那么大了。最后，他让我意识到，我对自己和生活的态度是问题的根源所在。史提格最后建议我见见他认识的一位心理医生。

我和苏珊的关系逐渐变得紧张。那段时间，我们都感觉彼此很难交流，彼此之间经常产生误会。有一天，史提格邀请我和苏珊去找他和他的太太——伊娃。能有两面外在的镜子作为我和苏珊之间的翻译，感觉实在太好了，这样我们都能相互理解了。和另外一对夫妇谈我和苏珊之间的问题是十分必要的。现在想想，我们认为这和我们的性别角色有很大的关系。

直到现在我们一直坚信，与伊娃和史提格的谈话是驱散我们夫妻关系阴霾的主要原因。我们认识到倾听彼此内心的声音，给对方空间去思考，做必要的妥协有多重要。我们是唯一能改变自己的人，这也是我们要为彼此之间的关系应该做出的努力。

你并不孤单

关闭开关中最糟糕的一点是，你刻意忽视自己十分糟糕的境况。当你完全陷入工作中时，你的注意力是完全从自己身上移开的。你意识不到让自己和所爱的人承受了什么。当周末或假期来临时，你感到焦躁不安。当你的大脑最终有个暂停的机会并反省时，你会感到很空虚，胃疼或头疼，会感到彻底的筋疲力尽，还有可能感冒。当星期一来临时，你又关闭了情感开关。这时候，每当你告知自己需要留点精力干别的事情，你都要关闭开关。你忽视了自己的疼痛和伤病，压抑住问题而集中精力工作。除非你一病不起或被直接送进医院，否则你绝不肯休息。

牙疼的时候，我们会毫不犹豫地去看牙医；车坏了，我们从不会为送修感到羞耻。但是当我们感到精神状态不好时，我们却不敢或耻于寻求帮助。不要等到别无选择时再去吧——现在就去寻求帮助，趁一切还来得及。跟你的伴侣交谈很重要，但那也不及一名专业的心理医生来得有效。

以下几点会导致严重的压力。这些例子包括：

· 希望自己看起来很强大，无坚不摧。

· 被培养成多产多能者。

· 不肯谈论自己的问题，认为每个人都能克服自己的问题，所以我们也应该如此。

· 不想成为别人的负担。

· 极度难以启齿向人求助。

花一秒钟假设你没有什么事儿“非做”不可。

你并不孤单。

是人都会需要帮助。

你可以改变自己的处境。

而且“经常”发现需要帮助！

我们年轻时就开始了

It starts when we are young

很小的时候，高要求就已经混入了我们的生活之中。孩提时期，我们觉得自己被爱并不是因为“我是我”，而是因为我们获得的成就让自己变得有价值，比如帮忙干家务或者考个好成绩。作为成年人，我们经常在日历上标注过量的待办事项，因为我们需要满足所有需求——被爱、被认可、被赞赏——这些都与我们如何表现直接挂钩。我们已经认识到成就会给我们带来爱！

我们善于满足我们自己和孩子首要的外在需求。饿了就去做饭，累了就去睡觉，病了就去看医生。而我们的内心需求，如被人看到、被认可、得到重视以及因某事而开心——却经常会被忽略。

孩子们长得好快

突然间，一个身材颀长的小伙带着他的女朋友来到了你面前，此时，你在想，妈妈眼中的小男孩去哪里了？与其围着他忙来忙去，不如就和他待在一起。

对于孩子来说，最重要的不是你有什么，而是你是谁。

对于一个人来说，不管有多大的成就，唯有听到别人说他们很了不起、很特别之类很中听的话时，他们才会感觉自己足够好。

孩子和大人都想不断地听到这样的话：

· 我爱你！

· 为你感到骄傲！

· 我听着呢！

· 这是你的职责！

· 你够格了！

· 原谅你！

· 抱歉！

我们希望我们的孩子都学会爱，履行职责并感到快乐。教育他们最好的方法就是自己做他们的好榜样！

我们希望孩子成为一个什么样的人，我们自己就应该做什么样的人！

拒绝长大

今天很多年轻人都拒绝长大。我们已经把成人的世界弄得这么乌烟瘴气了，他们怎么会想成为大人呢？因为经济问题，忙忙碌碌于各种各样的责任等，我们显得很疲惫。

我们和他们谈论过作为一个成年人，可以自由地为所遇到的问题做决定有多美妙吗？作为成年人，我们应该想想到底为孩子们输送了怎样的成人世界的信息？我们要为他们对成长和成年感兴趣而负责。

在分享我们的感受和观点时，对孩子们做到绝对诚实是十分重要的。我们要表明很信任他们，而他们也可以信任我们。我们需要谈谈那些给我们带来快乐和令我们感到沮丧的事。孩子们能理解的比家长以为的更多，他们宁愿明白周围在发生什么，也不愿意在不确定中感觉被搁置。孩子们可以提供重要的视角，并且给出我们成年人注意不到的解决方案。我们不能让他们承担过多的责任，但是我们可以让他们选择分享自己的观点。

“培养一个强大的孩子比修复一个受伤的成人容易得多。”

——弗雷德里克·道格拉斯（Frederick Douglass）

我们不能过度保护孩子，使他们远离真实的生活。生活充满美妙、魔幻、快乐和惊喜，生活中也处处是痛苦、悲伤、失望和悲惨。我们需要在生活中找到平衡。为了感受到真正的快乐，我们也要认识到何谓悲伤。

父母是孩子的老师，但是父母同时也有自己的问题、优点和缺点。

如果你的父母犯了错误，请原谅他们，并接受你曾经的童年。没有哪个健康的父母会故意伤害他们的孩子的。

接受你被养育的过程

那些受到焦虑困扰的人，经常在家庭背景和成长过程中，有一些共性。

以下一些情况是你永远无法改变的：

- 父母有着不切实际的期望。

- 缺乏表扬、支持和鼓励。
- 父母离异或死亡。
- 家庭氛围紧张。
- 家庭成员有酗酒行为。
- 为照顾兄弟姐妹或长辈，孩子承担起家长的义务。
- 压抑的情感环境。
- 家庭成员不愿意表达和显露情感。
- 家庭成员反应过度。
- 不得不时常证明自己的价值。
- 因无法解释的矛盾，家庭生活不稳定。

苏珊的故事：

记得自己还是十二三岁的时候，有一次我从男朋友家回来，比父母规定的回家时间晚了一个小时。到家后，我就看见父亲在门口等着我。他对我回来晚了一个小时，气得七窍生烟，对我劈头盖脸一顿狂骂，也不问我为什么迟到。我觉得自己无助，委屈，可怜又孤单。不曾记得这中间，我母亲说过什么，可能她也因唯恐与我父亲产生矛盾便任由他去。接下来的一周，我被罚不准出门！

这是终生影响我对父亲印象的诸多小事中的一件。每次他感到担心和害怕的时候，他就用生气和攻击他人的方式表现出来。如果他能把他的担忧和恐惧说给我听，我们应该会相互理解。但他从来没告诉过我他的感受，甚至，我的父母也从未问过我的感受。

“要么远离过去，要么从过去学到教训！”

——佚名

你性格中的独特品质往往是由童年时期的经历造成的。

以下几项是完全能改掉的：

· 自卑

· 完美主义

· 神经质

· 为每件事自责

· 不切实际的期待

· 选择恐惧

· 强迫症

如有以下状况，你可以尝试改变：

· 敏感或苛刻

· 吹毛求疵

· 容易受他人问题影响

· 经常在意他人的看法

· 经常怀疑自己得了病

· 对明天产生恐惧，经常问自己："如果发生这样那样的倒霉事怎么办呢？"

"你希望孩子将来原谅你多少，现在就该怎样原谅你的父母。"

——古尼拉 · 哈格伦德（Gunilla Haglundh）

人活一世，总有很多人来告知我们"你是谁"。你有没有想过，也许你并不是真实的自己？

为你自己的人生承担责任！

也许你不喜欢别人给你设定的身份。将其抛在一边并说道：“我想知道我到底想成为怎样的人！”

决定你想成为怎样的人——并付诸实践——这是你生命中最有趣也最重要的挑战。

“一个饱受虐待的孩子不会不再爱父母。而是不再爱自己！”

——贾斯伯 · 居尔（Jesper Juul），家庭理疗师

儿童和青少年压力

Child and youth stress

我们成年人是给孩子造成压力的元凶，也是唯一能帮助他们消除压力的人。

彼得·瓦伯格（Peter Währborg）是名教授和压力研究者，11年前，他曾警告我们所有这些压力可能对孩子产生的影响。他在瑞典《每日晚报》（*Aftonbladet*）上说道：

> 十年内，这代人将会出现疾病大爆发。动脉粥样硬化，Ⅱ型糖尿病，肥胖将会在许多刚成年的人当中出现。

不幸的是，都被他说中了，今天的情况就是这样。当年他做这个预测的时候，我们与科技的联系紧密程度还不及现如今的一半。下个十年我们又会怎样呢？

想给我们的孩子最好的

作为父母，我们很关心孩子今后的发展。我们想方设法促进他们的成长。孩子们经常被送进人满为患的学前班和辅导学校。我们给他们报各种各样的辅导班，舞蹈艺术团、运动队、小提琴课、陶器手工课，诸如此类。很多家长甚至并不知道孩子每天离开家门后都去干嘛了。

在各种各样的活动课和辅导班上，孩子们学会对自己有高要求。他们也会满足老师和同伴们各种能说和不能说的期待和需求。而那些不能说的需求通常都是很糟糕的，也是最难满足的。

孩子们每天都会遇到带来压力的事——即所谓的施压者。我们无法彻底为他们抵挡所有压力，但是我们可以和孩子们交谈，教导他们如何避免和化解压力。我们自己也要成为化解压力的好榜样。

要帮助孩子辨别压力。

孩子比成年人更容易被压力压垮，因为他们的大脑正处于成长的关键阶段。他们的身体十分敏感，压力会导致孩子产生和成年人一样的生理或心理疾病。

压力是对过多的生理、情感和智力需求的反应。

“很多父母随时准备为孩子操办一切事物——除了让他们成为自己！”

——班克西（Banksy）

青少年压力成因

每个孩子都是独一无二的，对复杂的状况的反应也各有不同。以下我们列出了几例复杂的状况，尤其当几种情况同时出现，常常会给儿童和青少年带来压力。

- 对孩子有过高的要求：被要求学习生理或心理上并未做好成熟准备的事物。
- 所爱的人逝去。
- 父母离异或再婚。
- 父母工作和出差时间过长。
- 父母待业。
- 不被理解或不理解。
- 添了兄弟姐妹或兄弟姐妹搬走。
- 与家庭成员不和。
- 离不开大人。
- 缺乏独处的时间或独立空间。
- 在学校遇到困难，受到校园暴力威胁，恃强凌弱，或与老师有矛盾。

· 关系复杂，过多辅导班、辅导课，过多辅导老师。

· 搬到另一个镇或城市。

· 在家庭事务中无发言权。

· 远离父母，如去参加夏令营或学校组织的旅行。

· 过多参与刺激性活动，或太少。

· 得到或失去一只宠物。

· 青春期。

· 周围环境太吵。

· 看电视过多，过度使用手机和电脑。

一两项压力因素并不会带来生理或心理受损。

问题是，今天很多孩子经常被这些压力因素中的很多条同时困扰。

我们成年人应该格外关注孩子生活中发生的事和他们的感受。

以休息和反省时间为代价进行的活动

社会告诉我们，如果不是一直很忙碌，我们就是懒惰和无生产力的。这些影响了我们对于是否要休息和进行必要休闲的态度。

对于学龄前的儿童来说，每周除了上幼儿园之外，还参加两次或更多的课外活动，并不罕见！很多孩子却没有时间回想和反思白天所经历的一切。为此，他们需要安宁与平静。而我们什么时候才能告诉孩子，安宁与平静和开展活动是一样重要的呢？

休息和思考的过程中是可以激起好奇心的。即在反思过程中，孩子们开始思考自身并学会独立。遗憾的是，今天，很多孩子经常辗转于各种各样的活动中，即使私下里有点时间，他们也不知道该拿自己怎么办。平静与安宁让这些孩子紧张不安，甚至感到恐惧。

而当孩子无事可干的时候，我们大人经常难以忍受他们发出的抱怨和唠叨。

我们给他们放个电影，或者让他们坐在电脑前玩游戏，以换得一点点安宁与平静。如果能及时给孩子一点时间自己思考，他们完全能决定自己想做什么。这个过程会促进他们进步。

我们大人只需要给孩子一点点时间。

我们的艾尔莎：

临时寄养在我家的孩子艾尔莎每隔一个周末就和我们在一起。每个周五的下午她就极度兴奋和活跃地出现在我们家门口。她期待只要一进门就会有什么事发生！可是，对于我们这样一个从一周的工作中解脱出来一起做晚饭的家庭来说，周五下午是一个平静、安宁的时间。如果我们让她一个人独处，她要么就来厨房帮忙，要么就会到她自己的房间捣鼓点什么。有时候直到周日的晚上，她才能真正安静下来。

我们成年人感受到压力的时候，我们很难发现孩子们也是压力满满！

儿童和青少年压力特征

下面这些都是儿童和青少年有压力时的常见特征。如果您的孩子同时或在短时间内有几例类似的行为，那么您的孩子可能正遭受严重的压力：

- 脾气改变——更内向，更敏感或更具攻击性。
- 很难入睡，做噩梦。
- 坐立不安，难以集中注意力。
- 经常去厕所。
- 从不想或经常想独处。
- 淹没在电脑、电视和手机里。
- 头疼或胃疼。
- 精神恍惚，比如忘记时间。
- 逃学。
- 吸毒。
- 完美主义。
- 磨牙，口吃。
- 自虐，虐待他人或小动物。
- 说脏话或骂人，欺负人。
- 毁坏东西。
- 厌食。

· 狂躁的时候用手堵住耳朵逃走。

· 抓脸，咬唇或手指以留下伤口。

出现心理压力时，儿童和青少年也会有生理方面的反应，比如身心失调症。这些包括：

· 胃疼，呕吐，腹泻或便秘。

· 湿疹。

· 紧张性头疼或脖子、后背、肩部疼痛。

· 哮喘。

· 口腔溃疡和其他在牙龈部位的开放性创口。

· 抽搐。

一项重大的责任

若我们有一只狗，我们会带狗狗到训练中心培训，并尽一切可能学会好好照顾狗狗的方法。

怀孕时，我们读了各种各样关于孩子在子宫中生长的书，以及在孩子出生前后如何照顾他们的书。只要我们能够在孩子的成长过程中一直保持这样的好奇心，即使他们长到青少年时期，我们也会继续关注他们在不同年龄段的需求。

积极的亲子教育：

提高育儿教.育技巧的机会其实很多，比如，阅读亲子类书籍或上亲子课程。有一次，我们被邀请参加一堂亲子课，很庆幸我们去了。这是一堂关于积极的亲子教育的课程，我们极力推荐。这堂课让我们对于自己应该做怎样的父母有了更好的定位，我们还收获了很多建议，以及如何能改变一直想改变的事物的窍门。

直到现在，所肩负的对女儿茱莉亚的巨大责任仍让我们惶恐。我们希望她在生活中能以饱满的姿态，成长为一个独立的、富有同情心的、灵魂自由的人。

今天，很多成年人因为各种各样的问题活得不快乐。孩子们能感受到有些地方出了问题，并觉得可能是他们的错。如果你是一名家长，而且感到不快乐，跟孩子聊聊是个不错的主意。孩子们永远不应该觉得这是他们的错。孩子们的聪慧和理解力都是出乎我们意料之外的。不知道问题出在哪里，对于他们来说是项过重的负担。

我们有义务让自己感觉好起来并以最好的生存状态活着。当做到这些以后，我们会更容易明白和懂得孩子们的需求。

永远不要因为你自身的感受而责怪孩子!

一个孩子

一个被批评的孩子会变得武断，

一个被责打的孩子会学着打架，

一个被嘲笑的孩子会因此害羞，

一个被讽刺的孩子会有罪恶感。

但是

一个孩子也会

因受到鼓励变得自信，

因被宽容对待变得有耐心，

因受到表扬学会欣赏他人，

因经历公平学会公正，

因感受到友谊而学会友善，

因感到安全而学会信任，

因被喜爱和拥抱而热爱这个世界。

上文摘自《生活没有边界》（*Life Without Borders*），作者是安娜斯蒂娜·福乐沙玛（Annastina Vrethammar）。

如何预防儿童和青少年的压力

在这一点上，你可能很想知道如何能为你的孩子遮风挡雨，让他尽量置于压力之外。然而，压力是会蔓延的，所以，你首先要做的是，尽量让你自己感觉好起来。这样听起来很自私，但实际情况是，当你内心平和的时候，才更容易看到、听到和感觉到孩子们的需求。你的孩子会照你做的去做，而非听你说就去做。如果你会因某事产生压力，你的孩子也会。

多与孩子在一起

如果你有好几个孩子，一定要保证和每个孩子独处的时间。如果你们是两位家长，各自都要单独与每个孩子独处，这点很重要。共处时，不是为了一起做什么，仅仅是为了共处——有时候就静静待着吧。

身体的喜好很重要

抚摸让孩子感到放松和有安全感。当我们被抚摸或按摩时，我们的身体会产生放松和消化的脑下垂体荷尔蒙。这种催产素会让我们的脉搏和血压下降，同时提高消化能力，增强疼痛忍耐力和免疫力。不过，如果您的孩子不想被触碰，也要尊重他们的想法。如果您的孩子拒绝被触摸，起初你会感到受轻视，但是你应该为你的孩子感到骄傲，因为孩子已经学会设定界限并拥有表达自我需求的能力了。

倾听你的孩子

许多儿童和青少年都有找不到大人聊天的问题。可能是因为没有遇到能足够信任的成年人。有时候孩子只想和那个想听他说话的人聊天。

告诉孩子你的感觉和想法

将你的各种感觉都告诉你的孩子：开心，沮丧，愤怒，爱，无论什么都行。这将会增强你们之间的纽带。如果你在孩子面前不设防、真诚和正直，那么你的孩子也会这样对你。接受和确切了解孩子的所有感受，允许他们伤心、愤怒或失望。不要仅仅因为你觉得不舒服，就试图抚平他们的情绪。

寻找符合孩子年龄的活动

关于孩子的成长发育已经有很多文学作品。花点时间在你孩子的成长上，那样你就能进行全方位的考虑，然后再决定让他们参与什么活动。想知道什么对孩子好，并不是那么简单的事。我们不可能因为有了孩子就一蹴而就地成为儿童成长问题专家，但是我们能努力去懂孩子。如果你需要相关的书籍推荐或其他资源，可以同儿科医生聊聊。当然，你也要记住，孩子想要的并不一定是他需要的。

允许您的孩子有感到厌烦的时候

试着从容应对他们无所事事时或并没有缘由的唠叨和抱怨。对孩子来说，有什么都不用干的自由时间挺好的。只有在“没事干”的时候，创造力和想象力才会自己冒出来。孩子们迟早都会设计出自己的游戏或活动。

关注

每天花点时间研究你的孩子的行为。对于孩子的节奏和他们在不同场合的反应，心里得有个谱，那样你才会知道发生突发事件时该怎么处理。

创造规律

孩子们喜欢熟悉的环境，并会感到舒适。重复会给他们带来安全感。有时候家长们会担心孩子对重复的行为和例行事务感到厌烦，因为他们自己就是这样的。孩子其实很喜欢把一家人聚在一起的有趣的规律和传统。一旦到了青春期，孩子们就会试图去打破这种常规，但等他们再大一点儿的时候，则会怀念这种孩提时的家族传统。

帮助孩子设限制

孩子们很难为自己设限，尤其是遇到看电视、玩手机、用电脑、赖床和玩具的拥有数量等问题时。即使他们会抗议你给他们设定的限制，但是他们需要这些限制并会最终受益。

根据芬兰赫尔辛基人类健康研究中心研究员泰亚·努廷恩（Teija Nuutinen）的研究，学龄儿童每天对着屏幕的时间不能超过两个小时。

茱莉亚需要帮忙说“不”：

我们的女儿茱莉亚6岁时，她有一些玩伴就住在附近。如果我们允许的话，她恨不得24小时都跟那些小伙伴们玩在一起。我们意识到，她需要我们帮忙对她的朋友们说“不”。我们有时候告诉她们，茱莉亚要和我们一起待在家里。她偶尔会抗议，但是过了一阵，她已经开始喜欢和我们一起待在家中了。我们也不会做特别有趣的事，就是聊聊天，听听音乐或者一起玩游戏。有时，她也会过后告诉我们，她并不是很想和那些小伙伴们一起玩耍。

孩子和焦虑

如果你是一个有焦虑问题的家长，你很有必要观察你的孩子是否也有焦虑的迹象，因为焦虑是会遗传的。

以下是有焦虑症状的儿童的常见表现：

当孩子对以下情况感到极度恐惧时——

· 被抛弃，

· 得了重病，

· 受批评，

· 犯错误和让自己尴尬，

· 不合群，

· 有细菌。

儿童的焦虑有时候也会表现为——

· 难以集中注意力，

· 过分活跃，

· 过度紧张，

· 缺乏自信。

很多孩子即便没有患上焦虑症，也会表现出轻微的类似行为。只有当这些行为以十分夸张的形式显现出来，且同时显现出上述大部分的行为特征，这时他就可能患上了严重的焦虑症。

如果你推测你的孩子患上了焦虑症，去联系一名医生，帮你找一个好的儿童心理学家或诊疗师。

分离焦虑：

我们有位朋友的8岁女儿曾受到过焦虑行为和分离焦虑的困扰，任何时候她都不顾一切地想知道父母身在何处。甚至连她妈妈出门倒垃圾都得先告诉她。她经常不合群而且要一直看起来十分完美。她的发夹一定要是平整的，她的衣服一定要被熨得平平整整。她对没做过的事情毫无信心。她的父母试着鼓励她，但是她经常感到恐惧，以至于试都不试。她的父母后来向一名儿童诊疗师寻求帮助，现在这个孩子已经没这些问题了。

读到这里，我们希望您不会感到内疚，不会认为自己是个糟糕的家长。也许你会觉得本章中的信息令人沮丧，很多问题等着要处理。如果这是你的想法，那么真为你感到高兴——你已经具备一定的洞察力，并终于决定开始付诸行动了。

每个阶段定一个小目标吧——你可以做到的！

“今天开始做一些未来的你会感谢自己的事吧！”

——佚名

自我评价

Self-esteem

挫败你自尊心的消极、挑剔的想法，可能在儿童时期就产生了。

不幸的周遭环境和事件会导致你感到被拒绝、无所适从，而且像是你不合群。

也许你很少受到表扬，或者遭受过不公正的惩罚，受过批评，甚至虐待。于是你可能得出结论，认为自己一无是处、愚蠢、不够好或有很多不足。

这将会导致，在其他事情上你也认为自己一文不值、无足轻重。因担心被拒绝，或认为任何事都应该完美，你不敢说出自己的想法。每次当你被拒绝，或失败，或处于无法自控的险境时，那些认为自己毫无价值、愚蠢之类的念头又都冒出来了。

因此，你迟早会爆发严重的焦虑症，一些习惯也伴随焦虑而来，使生活很难正常运转。你力避一切冲突，过度谨慎小心，要么很快放弃，要么压根儿不敢进行任何事。

所有这些，导致你更加确认自己是“正确的”。你有了越来越多的自我苛责和鄙视自己的想法，如“我能力不足”“我是个很糟糕的人”“我很愚蠢”“我一文不值”，等等。如此恶性循环并导致抑郁。

很多孩子和成年人都与自卑心理抗衡过。当我们不能肯定自己的自我价值时，我们可能会从他人那里寻求肯定，或通过拥有物质财富肯定自己的价值。

“内在并不总是通过外在表现出来。”——佚名

当自我评价变高时，我们也增强了对他人犯错的包容力，然后会发现相处变得容易了。我们开始更喜欢自己，对自己更满意，也不会像先前那样批评自己了。

较高的自我评价给予我们勇气。让我们敢于在社交场合中获得更大的空间，敢于说出自己的想法，敢于做出抉择，以及结交新朋友。自我评价较高的人也会带动他人，知道何时该谦虚，并为他人创造被倾听的空间。

为了提高我们的自我评价，我们要经常为“我是谁”而表扬自己，而不仅为自己做过什么。当我们敢于挑战自己，做以前没做过或感到恐惧的事情时，我们的自信心就提高了。

为了提高自信，你可以从用新的方式对待自己和身边的人开始。

你自己怎么看待自己，比别人怎么看待你重要得多！

当你关注生命中积极的一面时，你会变得更乐观并散播正能量。你也会得到更多的正能量作为回报。虽然这需要练习，但是，因此变得更积极并改变你的思维方式，这都是可能的。

试着让你的身边围绕着鼓励你，支持你和祝福你的人。

让你的周围充满积极的消息和对你的肯定。

给自己写纸条并粘在冰箱上，镜子上，手提电脑上和任何你每天能看到的地方。

逐步养成一个好习惯：每天晚上写感恩日记。

床前放一个日记本。每天晚上睡觉前，记下三件你感恩的事。你可以记下当天发生的事儿，或者就只是日常感悟。你也可以记下自己或其他人的，你所欣赏的某个方面。

忧虑

Worry

一位知道自己即将辞世的85岁老人，谈论忧虑时这么说道：“如果我可以再活一次，我会考虑更多实际的问题，而更少杞人忧天。”

研究显示，普通的瑞典人每周有20个小时处于忧虑之中。因此，对于严重焦虑人群，可能这个数字要翻倍！试想用这些时间，去感受活在当下或为了将来的目标而努力工作多好。

很多焦虑的人也是臆想症患者。他们不断担心会患上无药可医的病症。

当你为未来担心的时候，试着这么做：多问自己几次，你担心的情况有多大可能会发生。等着它发生——这种做法现实吗？

最终你会意识到几乎所有你担心的事都不会发生。

大声地问你自己：“我为什么要为还没发生的事情担心呢？”

迈茨分享了他曾经担心的事：

我经常担心会有糟糕的事降临在苏珊和茱莉亚身上，尤其是当苏珊长途旅行或乘坐飞机时。我脑海中立即会浮现出飞机坠毁和数车相撞等恐怖场景。我甚至担心万一她死了，我们该怎办。我无法集中精力，内心分裂，变得混乱，越来越焦虑。

现在，我不会在胡乱猜测上浪费时间。我问自己我的担心会变成现实吗——不可能！苏珊的境况会因为我的担心发生改变吗？绝对不可能！

有时候我会担心我的身体。如果我的担心看上去符合实际，那么我肯定毫不犹豫地去医院让医生为我做一切必要的检测。如果检测显示我的想法是对的，那么我会感谢自己及时寻求了治疗，但是我知道能诊断出疾病的概率很小！

如何摆脱不现实的焦虑

每天晚上花十分钟作为你的“担心时间”，比如晚上8：50–9：00。当你白天开始担心某件事时，停下来对自己说，我可以在晚上8：50的时候想这件事，便不再去管它。然后你会发现当8：50来临，你开始处理你的担心时，90%都被你忘光了。

与其无法解除那些“担心”，不如做些有建设性的事吧：

· 找张纸记下你担心的事。

· 记下你将采取的减弱或最小化问题的方法。

· 记下你准备采取行动的时间。

· 确保你可以贯彻执行。

另外一个有效的方法叫做“河流”法：

设想你正坐在一条小溪或河流边上。大片大片的枫树叶纷纷掉到水中并顺水漂流而去。想象你已经将你的担心和忧虑都放在叶子上，随叶片漂走了。

“除非担心有用，否则还是别担心了。”——佚名

焦 虑

Anxiety

本章开头我们先说点儿积极的。

焦虑常常是性格积极和有能力的迹象。你可能比大多数人聪明，尤其在创造力方面，且想象力十分活跃。这些都是很棒的特质！有研究显示，如果你能正确地利用这些独特的品质，那么你可能会成为最优秀的父母、伴侣或朋友等。

不幸的是，我们当中被焦虑困扰的人，却倾向于用我们大脑的能量和创造力把自己吓病。我们对每一件事儿都想太多，并用丰富的想象力制造棘手的麻烦。

任担忧和焦虑肆虐时，我们每做一件小事都会质疑。

人生由兴奋的冒险变成了一连串测试和考验。很多人太习惯于担心和焦虑，以至于接受它们成为生活的一部分。唯有你不再焦虑，你才会真正意识到焦虑已耗费你多少时间、精力和能量。

每当我们发现自己处于紧张或高压状态时，担心和焦虑就会趁虚而入，制造不适感。受到焦虑影响的人经常会经历：

· 恐惧，思绪难以控制

· 情感抑郁

· 头疼严重

· 盗汗

· 心悸

· 无能为力感

· 严重疲乏—精疲力竭

· 疼痛感

· 肌肉紧张

· 无价值感

这些焦虑的症状也会导致一些防备心态，比如攻击性或多疑。

对死亡的恐惧：

30岁的亨利克是瑞典一家大型公司的经济师。他结婚四年并有一个两岁的儿子。没什么人知道亨利克总是在忧心死亡问题。某天，他突然觉得胸口有一阵尖锐的疼痛，他就认定自己心脏病犯了，于是直奔医院。医生却在他身上找不到任何毛病。类似的场景在接下来的六个月中不断上演。亨利克开始设想他已经患了一种严重的疾病。当他感到背疼的时候，他又害怕得要命，猜测自己得了癌症。几天后，他感到有点头疼，顿时惊恐万分，因为他坚信自己得了脑瘤。为了抑制住自己的焦虑，他开始酗酒。最终，他意识到自己需要专业医生的帮助。亨利克得的就是焦虑症。

超过四分之三的瑞典人经历过心理疾病，不是他们自己就是他们的近亲。显然心理疾病影响到了大多数瑞典人！心理疾病已经成了瑞典人请病假时排名第一的原因。尽管如此，依然很少有人愿意公开谈论这个问题。真的很糟糕，这种沉默将会导致很多人迟迟不愿意寻求帮助。

什么是焦虑?

焦虑是一种情感的紊乱，一种被强烈的恐惧、担心和紧张感占据的精神状态，这些感受可以来源于某种真正的威胁，却通常由假想的威胁造成。问题就在于我们的大脑并不能分辨什么是真正的威胁，什么是假想的威胁。我们的身体对二者的反应是一样的，要么反抗要么逃离，于是导致肾上腺激素的分泌和幻想某件事确定会发生时产生的焦虑感。我们的忧虑和担心来自于我们自己的意念，而非来源于他人或周围世界。当我们沉湎于对过去的消极想法和对未来的担忧时，问题就随之而来。

我们错误地相信了那些我们想象出来的消极念头。

迈茨的焦虑：

糟糕的焦虑感似乎遍布我的整个生命。自7岁开始，我就不断设想很多糟糕的事情会发生。我经常觉得哪里不对。直到25岁那年，我第一次认识到自己患上了焦虑症。知道自己先前的糟糕念头都是因为患上了一种叫焦虑症的玩意儿后，我松了口气。我了解到，焦虑症并不是一种无法医治的疾病，而是可以调控和摆脱的。而当意识到，焦虑曾偷走我那么多精力和如何影响到我的生活时，我开始努力摆脱我的担心和焦虑情绪——这是我人生中最棒的决定。

三个克服恐惧和焦虑的重要步骤：

· 学习导致恐惧和焦虑的原理。
· 学习改变思维方式、行为、情感反应和行动的有效技巧。
· 用新技巧实践过去令我们感到不适的事情。

焦虑症克服备忘录

· 你担心的事情会发生吗？
· 试着实际地看待问题。
· 当你做出预测时，只凭客观事实。
· 利用所有有效信息，包括积极信息。
· 视你的“假如”为幻想，而非事实。

对于严重的焦虑症，仅凭自己可能无法克服。我们建议你向医生寻求帮助并探讨你对当前境况的感想。

如果你决定服用药物，也应在心理学家或行为诊疗师的指导下，并辅以行为疗法。

“担心完全是浪费时间。它改变不了任何事情。担心和焦虑只会偷走你的幸福并让你脱离现实。”

——迈茨·比尔马克

内疚

Guilt

感到内疚的人们把时间和精力都沉湎于过去之中。

我们也会为每天的生活感到内疚，比如：

· 应该多花点时间陪陪孩子，伴侣，朋友或父母。

· 应该吃得更健康，多运动。

我们想对所有人友好、善良，希望能帮助和支持他人，但真这么做，我们就没什么时间能留给自己。如果这样，我们就是把所有人放在自己之前。这可能会导致自轻自贱的感觉，因为我们总是因不会说“不”，或不会设定界限而对自己失望。我们感到内疚和灰心丧气；我们变得气愤、易怒和抑郁。

我们也可能会因童年时期曾遭遇到一些与家庭破裂有关的变故，如分居、家暴或其他身心创伤，而感到内疚。

无论童年时期发生什么，其实大都不是你的错。即使如此，你也已经饱受折磨并承载这份歉疚感多年。

一位女士的故事：

有位女士与我们联系，说她为自己多年来未曾爱过父母感到内疚。她在成长过程中，和他们的关系并不是很好。他们从未谈论过自己的感受，也从没人问过她的感受和想法。她觉得自己仅仅是存在——并不符合父母意愿和计划地存在。她从未得到过鼓励或表扬，她做任何事也没有得到过支持。矛盾最终没有解决，只是被她无视和置之不理。她没法同父母谈论她的问题。在她的整个童年时期，她都觉得似乎哪里出了问题，因为她从来没亲口说过爱她的父母。她觉得很痛苦，认为自己很不正常。作为一个成年人，她深刻认识到有这样的感觉本身并不是错，而且错也不在她。她接受了这一切，并原谅了她的父母。今天她们的关系多多少少有所改善，她面对他们时也不再感到内疚。

当你能原谅自己曾经做过的事和有过的感受的时候，你的内疚感终会消失。

你只是个凡人。有时候你需要想想自己。

学着敢于说“不”。

学着犯点懒。

允许自己犯错。

学着设定界限!

无论产生内疚的原因是什么，但几乎都是因为自卑引起的。自我评价就是指你作为一个人，如何评价自己，定位自己的价值。

去接受自己并喜欢这样的自己。

为了让自己不再内疚和气愤，我们需要学着原谅自己和他人。说起来容易做起来难，但这是唯一让我们抛弃内疚感继续向前的方法。

“当你原谅，你不是在改变过去。你改变的是将来！”

——佚名

期待和职责

Expectations and obligations

你经常会对自己或身边的人感到失望吗？失望其实和期待过高紧密相关。我们的一些不切实际的期待经常造成生命中一连串的失望。

这又导致我们感受到压力和忧虑。

我们都有这样的经历：

参加一个派对，却发现根本不如预期的那么有趣。之所以会这样，是因为我们花了太多时间幻想派对会是什么样子。另一方面，我们中的很多人有在偶然参加的派对上玩得很开心的经历。当我们没有活在当下，而是关注于未来时，我们就会有所期待。

如果我们的每一天都过得灰暗乏味，那么当然会寄希望于未来有趣的计划，但如果我们仅仅为未来要发生的事活着的话，这会出问题。不过，如果我们让每一天都有点特别，并学着欣赏一些小事情，就会更容易关注当下。那么我们也无须为将来发生什么而编织期望，除了此时此地的事，我们的渴求会减少。

你会因某事感到郁闷，可能是因为有些事或有些人并没有达到你的预期。

有时候事情会出错。计划功亏一篑。人们令你感到失望。他们并非一向很正直，他们不会像你对待他们那样一直真诚。他们也不是永远公平。

但是，你可以决定如何回应，当事情发生时，你也可以表明自己的态度。

迈茨的例子：

如果我准备一个讲座，我可以选择事先给自己施加压力和感到担心。我可以对自己说："迈茨，你不能搞砸了，讲该讲的且千万别忘词！"我甚至令自己紧张得无法上台。但是我也可以选择对自己有个实际的期待并对自己这么说："我已经准备好这场讲座了。我会尽全力做到最好，而且无论怎样我保证都会满意自己的表现，因为我的确尽力了。"你能发现其中的差别吗？这是两种截然不同的心态。当我对自己的期望变得现实以后，我感受不到压力，感到很放松，讲座也进行得更好。

我们经常会给自己设定不切实际的期望，以让自己看起来不错或感觉良好——一直这样。但这真的很残忍！

没有谁会永远看着不错，每个人都会偶尔感觉很糟！

我们也希望父母和伴侣为我们感到骄傲，但必须认识到一点：自身的价值并非建立在外表或成就上！

与其追求完美，不如尽力让自己感到舒适，并在这个并不公平也不完美的世界上感到知足。

通过降低预期，更加注重现实，并对所拥有的事物感到知足，我们才能拥有更平静的生活。

我们的期待越接近现实，我们就越会对自己感到满意，越加感觉良好。

“我们想得太多，感受得太少。”

——查理·卓别林

改变促使恢复

为了避免产生毁灭性的压力和焦虑，我们需要做出改变。我们需要改变我们的期待和旧的价值观念。我们需要重新理解我们自己、他人以及周围的世界。

你有没有思考过我们生命中那些需要尽责的事情？我们不断将期望加诸在自己身上。为此，我们试着：

· 成为更好的父母，

· 成为更好的伴侣，

· 花更多的时间陪伴家人，

· 赚更多的钱，

· 回归校园，

· 减肥，

· 换工作。

这些付出和承诺是怎么产生的呢？有些可能源于你的父母、朋友或伴侣。

为你“不得不”做的事列个详单，去掉那些不是出自你的本心的事。有些你“不得不”做的事基于现实，有些则不是。你是为了自己的健康减肥还是因为伴侣的唠叨?

你想回归校园，是出于自己意愿，还是因为你的父母希望你能“有所成就”？诚实地回答自己。

你该做的是将你的“不得不”替换成现实的目标。确定它们是你的确想做到的事。

一旦你决定了什么是你“不得不做”的，而且是你自己想要而非别人要你做的，就可以将它们放入你的生活目标中。仔细想想如何才能实现它们。制定一个明天就可以开始实施第一步的计划。

记住：任何时候都不晚!

你永远都不老!

一切都取决于你多大程度上相信那些自己想做的事。

没有失败这回事!

唯一的失败就是从不尝试!

“你最后一次尝试做没做过的事是什么时候？”

——佚名

何谓完美？

W h a t i s p e r f e c t ?

正如我们追求外在的完美一样，我们也应该追求内在的完美。我们寻求内心的宁静，快乐和平衡。

问题在于我们渴望、相信，并追求着一种任何方面都完美无缺的生活。但是，作为人类并不容易，而且有时候我们把事情弄得不必要的复杂。

一个更现实的目标是我们能感到平静、快乐和平衡的时间变长，越来越频繁。那样感受到压力和焦虑的时间才会愈趋减少。

社会告诉我们，我们的生活应该是完美的，如果不完美，我们就不满意。但是，如果一直以这样的态度生活，我们永远都不会快乐！我们甚至不应该再继续用“完美”这个词。没什么事是完美的！或者也许一切本来就是完美的。

我们的完美主义论会阻止我们去尝试一些事。我们会想：“既然不可能达到完美，为什么还要去尝试？”

我们所在的社会告诉我们，我们应该是某种特定的样子，以某种特定的方式生活，并以某种特定的方式看待生活，以期成为“足够好”的人。这些“完美”的理念正是很多人所追求的。根据我们的年龄、性别、工作和其他因素，我们可以期待追求不同的完美典范。

看到孩子们因害怕不够“完美”而不敢用蜡笔在纸上涂抹，是件很令人痛心的事。他们已经知道了什么会被认为“不错”以及什么将会被周围的人所喜欢。

看到一个青春期的孩子很谨慎地审视自己，仅仅是因为完美的典范说，他们应该看上去是某种特定的样子，这也是件很痛心的事。媒体、成人及整个社会创造出不可能实现的完美典范，而青少年试着去符合这个标准，这同样是件很令人痛心的事。

成年人希望一切都完美：孩子、伴侣、家庭、爱好，都应该为编织一种完美的表象以显示给世界而存在。他们邀请朋友共进晚餐，但有时在派对开始前，他们就已经完全筋疲力竭了。

没有谁是完美的——或者你可以说按照我们自己的方式，我们全都是完美的！

荒谬的需求？

我这有个典型的例子。我们有位熟识的女性朋友，有一次，她邀请了一些朋友共进晚餐。像平常一样，她希望房间和晚餐都完美得无可挑剔。客人还有一个小时就要到了，可是屋子里到处都是乐高玩具，孩子们也没换衣服，食物也才做好了一半。站在烤箱前，她感觉血压在升高，前额冒汗，心跳也在加速。半个小时后，她纯粹因为压力和疲劳而躺在浴室的地板上呕吐。

我们生活在一个任何事情“应该是什么样”的幻觉上。谁会希望成长过程中陪伴自己的是完美的父母和朋友？怎么可能有人能生活在这样的环境中呢？这只会带来挫折感和一连串的无法胜任。任何事都成了比赛。

当我们尝试去符合自己和社会的所有期望，我们会感觉自己即将崩溃。表面上，我们看起来挺好，但是从内心而言，则会爆发一连串的矛盾。我们感到受迫害，怀疑自己能力不足和内疚。迟早它将会通过我们的身体显示出来。我们畏缩不前，默不作声。我们情绪低落变得忧心忡忡，十分焦虑。我们感觉压力很大并出现胃痛，紧张性头疼等症状。

“我感觉很不好，谢谢”

当你问你认识的那些人：“你好吗？”你经常会得到这样的答复：“嗯，一切都很好，你呢？”可如果他们真的告诉你他们的真实感受，恐怕你得愣在那儿很久。

我们相信每一个人都过得很好。但是每一个人都有各自的麻烦，假如我们敢于向别人说出这一切，可能会感觉好一点。要向彼此袒露自己的弱点，我们需要点勇气。

可以直截了当地说是因为我们没有精力用那种方式关心彼此吗？而且也没有时间吗？

相反，我们却在尽一切努力让其他人看不到我们的家庭、社会关系、工作和我们自身所存在的问题。

人们都不敢将自己的弱点展示出来。谁想做个怨妇呢？但其实坦诚地说出自己现阶段的状况，并不是在发牢骚。我们需要处理自己的问题。有些问题可以通过找个人倾诉来作为处理方式。

有关脆弱的几个词：

人们经常问我们，为什么我们敢如此坦率和有个性？人们称我们很勇敢。他们问我们是不是并不害怕，并不担忧我们的坦诚某天会对自己不利。但对我们来说，我们本应该如此。如果你打算就这个主题写本书或开个讲座，如果你讲的个人经历能够引起听众的共鸣，这就是一个很大的优势。我们从没有过把我们的坦诚变成一个坏事儿的经验。事实正好相反！非常不幸的是，越来越多的人无法意识到这点。当我们敢于开诚布公地分享我们自己和我们的故事时，我们收到了不计其数的积极能量的回馈。我和苏珊都当过几年高中老师。我对我的学生一直都很坦诚——分享我的家庭、我的生活及对事物的看法。从我的角度而言，我感觉每次开诚布公地展示自我时，都获得了学生们的赞赏。在我的坦诚中他们感受到了安全和安然。

脆弱会让你美丽

布勒纳·布朗（Brené Brown），休斯顿大学教授，是世界上研究脆弱的首席专家之一。他的研究显示，脆弱是内疚感、羞耻感以及对被抛弃的恐惧感的内核。同时，脆弱对于建立我们人类最渴望建立的联系是十分必要的。

布朗的研究显示了，人们乐于见到他人的脆弱。当我们让自己脆弱时，我们展示了真正的自己，我们理解了彼此，并感受到了牵绊和联系。但是——很少有人愿意流露自己的脆弱！

她的研究还显示，那些最乐于示弱的人，也是那些最愿意放弃虚妄自我，敢于做真实自己的人。

对于那些人来说，用这样的方式袒露自己是件很难也很令人恐惧的事。但对于他们来说，示弱并非一个选择，而是一种需要。他们相信令他们脆弱之事，会令他们美丽！这类人拥有很多稳定、真实和充满爱的关系。他们可以在不惧被抛弃和拒绝的心态下与人接近。

关于脆弱的三个谬见

脆弱是缺点。这是最危险的一种谬见。有勇气让自己示弱是一种力量。

你可以选择不脆弱。当我们尝试的时候，我们孤立了自己，并让我们远离他人。我们需要做的就是反问自己：当我很脆弱的时候，我是什么样的反应？

脆弱可以被打开和关闭。向他人示弱并不意味着你一直都要表露你的情感。每一次，你敢于对自己和他人敞开心扉的时候，你会变得更勇敢。这些回馈的时刻，将会鼓励你越来越敢于展示自己的脆弱和真实。

“生命中最艰难的挑战之一是，在一个让你随波逐流的世界中保持自我。”

——匿名

有的人害怕自己本身不够好。他们担心自己不符合别人所期待的“应该”的样子时，别人会怎么谈论自己。但事实刚好相反。当我们展示了自己人性的一面时，别人会更喜欢我们。我们的坦诚会让他人更容易从我们身上看到他们自己，并与我们接触。

人们都想从他人身上发现自己，于是彼此都感受到了理解和共鸣。这让我们感觉更好！

能影响和感动别人实在是太美好了！

每个人也都想被影响！

今天我们在社交媒体上花如此多的时间和精力展示我们的生活。社交媒体坚定了我们的想法，认为别人更好。别人的工作更有趣，拥有更令人激动的假期，也比我们快乐！

没有人会把砂锅里烧煳的菜，或碎在烤箱里的蛋糕的照片传上来。

也很少人会在社交媒体上谈论自己工作面试失败了，或者没钱去度假。我们都不想做“失败者”。

是什么让我们觉得生活就是一场竞争？

社交媒体：

苏珊和我都有Facebook账号，以及个人主页和博客。当然我们也想表现得很积极，写一些能传输正能量和鼓舞人心的事。但是，我们注意到当我们敢于把自己的私事公开，如面临某个问题，或更深入地谈论某件事的时候，我们会得到更多的评论和点赞。

“会有那么一个转折点，你意识到，总有些人会觉得你永远不够好。可问题是：这是你的问题还是他们的问题？”

——佚名

健康思维

Healthy thoughts

结束压力和焦虑的最重要的步骤，就是更多地活在当下并更积极地谈话。消极的思想会将我们掷入压力和焦虑的漩涡深处。批评和谴责自己太容易了。

无论我们意识到与否，我们的大脑一直处在思考中。这些思考不断地影响我们的情绪和情感。当我们感到忧虑和压力时，一般都是由于我们大脑中产生了消极和不健康的思绪。

家庭和教养对我们和我们的思维方式都产生了巨大的影响。你经常会听到父母争执吗？你的家庭成员会抱怨和表达对生活的不满吗？

你的家庭给你传达了怎样的信息呢？你又受到你周围成年人的行为怎样的影响呢？

若我们的成长环境被太多争吵、抱怨和传播压力的人所围绕，我们就很难给予自己很高评价和树立自信。这些问题，即使长大成人也很难修复。

我们不愿承认自己有着消极的思维模式。我们尽一切力量不去承认这一点。而一旦我们意识到自己有这些消极的念头，我们就可以改变自己的行为，并在积极思考中发生好转。

这种积极的思维转换带来的效应将会超越你所有的期待。

你经常担心吗？你有自残的想法吗？你会分析每一件事吗？你怀疑过自己的能力吗？你对自己的长相不满意吗？

95%的消极思想都不是真实的！那些想法都是编织出来的幻想。尽管如此，积极向上的、活力充沛的思维却是真实的！

我们的大脑无法区分出虚幻的想象和基于实际的思考之间的区别，而且对每个念头的反应都认为是真实的。当你的思维被自我毁灭或自我否定的思想充斥的时候，会造成很大的问题。另一方面，假如我们将积极的想法运用得当，思想会成为一件利器。

消极的思想——一种瘾

消极的思想会让人上瘾。一旦我们从消极思考中获得短期利益，它就会迅速成为一个习惯。我们消极是有原因的，否则我们不会一直这样！当我们思维变得消极时，我们会关注内心的消极面，导致行为消极，并对身边的人说些消极的话。我们会赢得那些愿意听我们倾诉，并且同情我们的人的关注。当我们遇到问题时，我们会利用别人的善心善行去帮助和支撑自己。

我们从消极思想获得的另一个益处是，可以从不想做的事情中脱身。因为我们所爱的人会对我们感到歉疚，而且不想过度地劳烦我们，他们要么替我们尽义务，要么降低对我们的要求。这样，我们就可以利用消极思想，逃避那些让我们感到不舒服或不想去做的事。

你从你的消极思想中获得了什么？

这个问题听起来很奇怪，但是很有必要问。做一个消极思考的人就像是上瘾了，如果你的生活都是由压力和焦虑构成，你得承认自己是个消极思考的人。只有这样，你才能摒除消极！要改掉不健康的习惯就得努力。我们都是习惯性动物，所以需要做一堆工作来改变我们的思考习惯。

一直都消极地思考问题，就像是一直在虐待自己！

“另一边的草并不会更绿，更绿的是你浇过的地方。”

——佚名

你怎样分辨出消极的念头？

是不是觉得这个问题很蠢？你也许认为自己并没有受到很多消极念头的困扰。以下列出来的“线索”可能会帮助你认识到你是否……

消极的念头是那些会让你感到脆弱、不舒服并忧心忡忡的想法。它们会让你感受到压力、愤怒、抑郁、苦闷、恐惧、焦虑和病痛。它们会让你充满内疚和羞耻感。也会让你感到孤独，没有魅力，没安全感和没人爱。

如果你经常有以下几条或所有的感觉，你的思维可能已经变消极了。即便如此，也不是你一个人这样——大多数人每天都会有几百次消极念头。

自信心不足的人很想从他人那里得到支持和肯定。

我们希望别人告诉我们自己足够优秀、魅力十足，而且很特别。

以下有几个方法可以帮助你改变自己的行为：

- 诚实对待自己。认识到你的消极思想如何伤害了你。
- 试着将你的消极思维理解为一个需要改掉的坏习惯。
- 决定将你醒着的时间和精力都用来纠正不健康的思维模式。
- 清醒地意识到自己是怎么想的。
- 用自我肯定和鼓励来提升自己，而非从他人那里获得认可。

这些方法都是从露辛达·巴塞特（Lucinda Bassett）的《化悲痛为力量》（*From Panic to Power*）一书上摘录的。

我们怎么知道自己拥有积极和健康的思想呢？

积极的思维方式会让我们变得很强大。会让我们感觉良好、很安全、快乐、热爱、有魅力、放松、平衡、勇敢、充满活力、有动力、被爱和易被人接受。

为寻求认可，消极的人会将他们的消极思想传播开来。如果你感觉你身边有消极行为的人正在榨干你的能量，那就应该转而去和有着不一样表现的人多接触。

记住，痛苦不仅仅钟爱同伴，还需要同伴！

对自己要有耐心。改掉坏习惯是需要时间的。你的惯常消极行为也不是一两天养成的。改变一个坏习惯就像是在养成一个新的习惯。你需要时间改变你过去的思维方式。这需要耐心和恒心。你需要知道积极的思维模式是如何运转的，然后经常练习、练习、再练习，直到自然而然地成为你的思考方式。

要意识到自己是怎么想的！想成为那个理想中的人，永远都来得及。关注自己的真实想法，而且在每天快结束的时候反思自己的行为。写出你的“想法”可能会帮助你提醒自己一直保持清醒。

唯有当你清楚地知道自己的思维模式时，才能做出改变。

我们经常提醒我们的女儿茉莉亚，她做自己就很好。她是一个很棒的女孩，我们很为她感到骄傲。即使她并没有取得什么特别的成就，经常听到这些话，对她来说也很重要。这些话能从不同角度促使她变成一个更强大的人。

为了让孩子具有良好的品格，我们要经常表扬他们，而不仅仅是因为他们取得的成就。

想象一下，如果我们所有人都在成长阶段获得表扬、鼓励和肯定该多好！我们肯定能免于很多焦虑和担心的想法，并且从更好的自我评价中受益。

迈茨认为自己很积极：

我曾经拒绝认为自己是个思维消极的人。人们很容易相信自己就是自己期望成为的人！当我更多地认识到自己的思维时，我意识到自己错得多离谱。我发现我简直受够了自己的消极思维模式。如果我继续这样，我永远不可能帮助别人消除压力、担心和焦虑。

经过30年的努力，我终于决定不再这样了！我已经认识到，作为一个成年人，你是可以改变的，我就是一个活生生的例子。我是一个曾经被压力和焦虑完全摧毁的普通人，而且曾经因为有这些问题感到孤独和羞耻。现在，我认识到，要想成为一个健康的人，改变是必要的，而且这些改变只能从内部开始。

给自己一个健康、积极的表扬，会将你引上感觉良好的漫漫长路。从心底油然而生的赞美会提高你的自我评价和自信，使你更受鼓舞，并在压力状态下保持放松。

我们倾向于将精力集中在消极的事物中，却对积极的那一面不屑一顾。尝试关注身边那些积极的事物吧。让你的思维在幸福、快乐和希望里，而不是在消极低迷中徘徊。

“相由心生，境由心转。”——佛陀

以下练习将帮助你清醒地意识到自己有多少消极念头：

· 一直随身带能做记录的东西，无论是用笔记本还是手机。无论何时当你有消极的念头时，写下来，同时在边上写一个积极的替换的想法。

· 确保自己用一个确信的、实际的、积极的想法替代每一个消极的念头。否则你就是在自欺欺人。

从每天写下一个消极念头开始。然后，每个小时，再然后每半个小时，或更频繁一点。

选择积极的思维方式，对自己和他人说积极的话，给予别人正面的评价，这些都能使你的生活更有意义！

不仅要关注你自己的思维，还要多加注意其他朋友谈论的事。记下你的同事、孩子、伴侣及朋友发出的消极评论。你将会被每天所听到的消极谈话的数量感到震惊。

这是一个十分行之有效的方法。

苏珊的一些经验：

我曾经常与那些15–19岁的年轻人打交道。看到有那么多自我评价过低和缺乏自信的年轻人，是件非常痛心的事。很多人并不喜欢他们自己。只在极少时候，他们忘记了自我警醒，仅仅享受当下而且并不关心身边的境况。只有在这些时候，他们才敢于展示他们美丽、智慧、快乐和独特的个性。其他大多数时候他们却惧于做自己，为自己感到羞愧，觉得自己“不够好”！这太荒谬了！我想当他们面对压力时，太缺乏成年人的指导了。我们成年人应成为更好的角色榜样。我们要展示全部的自我，敢于与众不同，做真诚和真实的自己。我们要勇于向他们承认自己所犯的错误，感到抱歉，并就某个话题端正立场。

兼容并包是孩子与生俱来的品质，但会随着青春期的来临，或多或少消失一些。很多年幼的孩子并不能忍受彼此的差异。发生了什么呢？他们的宽容去哪里了？他们是学着我们大人，去评价和嘲笑别人吗？我经常回想起自己年轻时是如何想从所有人，而非从自己那里寻求认可。别人怎么看待自己对我而言极为重要。我的自我评价极低，而且从来不敢尝试新事物。我还不断从别人那里验证自己是否足够优秀，尤其是从男朋友们那里。我经常按照他们要求的做，把自己所有的时间都花在与他们在一起上，并忽略自己的朋友们。后来，我又渴望从老板那得到褒奖。无论是老板还是男朋友，我认为自己可以靠让别人觉得我足够好，来提高自我评价。从来没有人告诉我，我只要做好自己就已足够！

迈茨的经验：

成长过程中，我曾遭受过最严重的担忧和焦虑症的折磨：我的幸福感完全来源于从别人那里听到我够好的评价。我强烈渴望被肯定；渴望自己看起来不错，言辞恰当和成为一个好兄弟、好儿子和好朋友。

现在，苏珊和我都在让自己、让彼此、让他人在感觉良好方面提升了很多。对自己说好听的话是个重要的技巧，而且这并不是可耻的或以自我为中心的行为。这个技巧帮助我们成为真正的人，能提高我们的自我评价和增强我们的自信。我们因敢于做自己想做的事而感觉更好，我们享受这样的状态，且毫不内疚！

当不再考虑别人怎么看你或谈论你，你会感到难以置信的畅快自由。因此不要再向外界寻求赞赏，自己给自己点赞吧。

“神经过敏的人用他人的眼光审视自己；健康的人用自己的眼光打量这个世界。”

——弗里兹·皮尔斯（Fritz Perls）

抛弃压力和焦虑。你能做到。你是独一无二的，特别的和潜力无穷的！

一旦你学着改变自己的思维方式，生命将会充满新的可能。每一件事都是可能的，而且没有什么可被称为失败。

“我并未拥有一切，但我爱上所拥有的一切。”

——佚名

你肯定已经意识到被那些悲观的、压抑和狂躁的人拖下水是多么容易。而被那些幸福、亢奋和积极乐观的人激励同样也是很容易的。

你的新的积极行为不仅将给你自己，也会给身边的人带来快乐。

这一章十分重要。请毫不犹豫地多读几遍。

“如果你一直重复你的想法，那么你也将一直重复你的行为。

如果你一直重复你的行为，那么你的收获也将是一成不变的。”

如果你希望自己的生命与众不同，你必须开始换一种思维方式了！

你就是你认为的那个人

You are what You think

我们的朋友琳达分享了她的故事：

2013年9月9日，星期一，上午8：40，我们全部的生活都陷入了崩溃之中。像一颗炸弹，像脸上挨的一记闷拳，也像被一道闪电意外击中，我和丈夫得知了这个噩耗：我患上了乳腺癌。大概是长了个大肿瘤。星期四，我右边的整个乳房将会被全部切除。我记得当时自己瘫倒在地板上。我从未想过自己会得病，连怀疑都没有，一点也没。实际情况是：我那时比以往都要快乐，强壮和健康。又或者仅仅是我自己以为。当时我想，我快要死了。一切已经结束。我承受不住这一切。我不想死。我的孩子们还需要妈妈。

因为从得知病情到安排手术，时间很短，我和丈夫几乎都没细想，也没有时间找到正确的方式将这件事告诉我们分别是4岁、10岁、12岁的孩子们。我们被迫要在当天晚上就告诉他们。而我们也的确这么做了。当我告诉孩子们，我得了乳腺癌而且将要接受切除手术时，我意识到自己有两个选择：要么我彻底崩溃，躺着别起来，将被子盖过头彻底屈服；要么我在精神上穿起一副铠甲，挥舞着利剑，跨上战马，冲向战争——战胜病魔！就像约翰逊·莱昂哈特（Jonathan Lionheart）一样。我选择了第二种方式。

若不是选择了第二种，恐怕我不可能挺过这么痛苦的折磨。我必须做出积极的选择。我选择战胜一切。那时拥有的洞察力，救了我自己的命。我并不是说自己没有崩溃、哭泣、尖叫、扔东西、痛苦得无法呼吸，或者说不畏惧死亡；而是指当最悲观的念头来袭时，我内心选择如何应对。有个基本的信念支撑着我，我一定会赢。幸福和生命将会获胜。化疗和放疗让我痛苦不堪，但我却认为它们是战斗过程的一部分。这是我为了赢得胜利而必须通过的必经之路。我经常磨剑以让它随时都锋利。癌症是条恶龙，一个怪物——而它终将被我屠戮！

任何一种情况下我们都可以选择如何面对，如此才能更好地掌控局势。

随处都遇到困难的人经常是自己为自己制造麻烦。经常见到机会的人，也创造了机会！听起来像陈词滥调，却是事实。

花点时间观察一下周围的人。

你身边哪些人经常遇到麻烦？哪些人经常能找到解决方式和契机？哪些人容易合作共事和相处？你想成为哪一类人？

你通过想法造就了自己。

你对自己和他人的每一个念头，都要么带来平静要么带来不适感。

一个人愿意不断学习和进步，并接受自己的不完美，会散发出一种沉着冷静的气质，从而影响他人并受到尊重。

你的思维影响了你的感觉、行为和反应。你所有的言行举止都建立在你的思维之上。你有能力选择怎么想——不要让任何人左右你的抉择。

掌控你的思维往往并不容易，因为它也要求你去为自己的思想、行为和反应负全部的责任。

归根结底，这是个态度问题：对于你自己的生活，对于他人的生活和与你相关的一切事物的态度！

过更有意义的生活

与其不断地追逐更多，不如训练自己全然享受已有事物的能力。

你所爱的才是你拥有的最有意义的事物！找个你爱的人并经营你们的关系。相互交流，鼓励和倾听。

活在当下！看看你的四周：生命中最有意义的东西都是免费的。你的伴侣或孩子睡着的时候是什么样子？你的花园里有多少种颜色？当你真正活在当下的时候，你将会注意到越来越多这样的小事，而且你会看到它们带给了你多少能量和力量。学会享受这些小事吧。记住完全普通的一天其实是多么宝贵啊！

要宽容！谦虚使人进步。尽管你可能面临很多问题，但是比起许多人，你仍然是很幸运的。也许你也可以为你身边的某个人树立一个好的榜样和模范。

学着去欣赏你的生活！学会生活，而不仅仅是活在世上！

“越少在意那些消极的人，你的生活越会变得平静和美好。”

——佚名

发现新的自己

闲暇的时候你最喜欢做什么？

你的优势是什么？

你最擅长什么？

你想和谁共度时光？

你最想在哪里生活？

年轻人都有梦想。为什么我们中的很多人越长大越停止追梦？

你年轻时候的梦想是什么？

有多少梦想变成了现实？

你现在的梦想是什么？

为实现梦想，你要付出什么？

写下你的梦想。

你会发现它们并不是遥不可及，而且唯有你自己知道什么对你来说是最好的。

现在就动手吧！为了你自己！

“今天的我们来自于昨天的思考，而今天的思考构筑了我们明天的生活：境由心造。”

——佛陀

生气和愤怒

Irritation and anger

在每天的日常生活中，我们似乎是很快乐、很幸福也打不败的人。工作中的事可能会让我们恼怒、气愤或感到灰心，但我们似乎从未表达过这种想法。相反我们任其腐化溃烂在心底。我们面露微笑地隐藏真正的情感。

回到家之后，我们摘掉面具，开始放松。我们的家人可能就得忍受着我们无法掩饰的愤怒带来的焦灼。我们所忍受的气恼和愤怒经常会在家中发泄出来。

那些惹恼我们的小事每天日积月累，最终就会演变成愤怒。

很不公平，也很悲哀的是，我们最爱的人往往成了我们的情绪垃圾桶，忍受我们的攻击、愤怒和沮丧，而不熟的人却能见到我们友好和积极的一面！

你是否成长在这样一个家庭：家庭成员之间会用愤怒和倔强作为手段来支配和控制他人？如果是的话，那么你很有可能也已经学会利用愤怒来达到自己的目的。你也许并未意识到你正在这么做，而且伤害到了自己和他人。试着别再这么做了，以免传递给你的孩子。否则，你很有可能留给孩子一个一回到家中就发飙和生气的家长的印象。

迈茨的分享：

我的好朋友拉舍最近给我讲了一个他的故事：15岁时，他父亲在一家面包厂做推销员，常去拜访附近的超市。有一天，拉舍放学后去一个朋友家，并开始和他朋友的母亲攀谈，她在拉舍的父亲去过的一家超市的冷冻食品切割柜台工作。她问拉舍："你父亲是一家面包公司的推销员吗？"拉舍点点头，想知道她是怎么知道的。"你父亲是所有来过我们超市的最友善和最有趣的推销员！"听到她这么说，拉舍非常诧异，因为在他的印象中父亲正好完全相反。拉舍印象中的父亲是一个脾气很坏、十分易怒的人，每次下班回家后一句话也不说地吃完晚饭，20分钟后，就在沙发上用报纸盖住脸睡着了。

这是个将友好、优秀的一面展示给陌生人，却因疲劳和精疲力竭将消极的一面展现给家庭成员的典型例子。

那些饱受压力和焦虑折磨的人，经常会表现得不耐烦，且易怒。如果你是个用自己的愤怒控制他人的人，你就会带给人一种不快乐、无安全感和缺乏自控能力的印象。

一个自我评价很高的人不需要通过攻击和愤怒来显示自己的力量。

反思一下，再问问自己，是否曾从愤怒中受益？由愤怒引起的压力反应，包括高血压、心跳加速、冒汗，让你的身体因此受损，这值得吗？跟焦虑一样，愤怒也会让肾上腺素飙升，包括随后的感觉都一样。愤怒帮你达到目的了吗？愤怒带来的后果是什么？你想通过愤怒隐藏怎样的恐惧？后来又有怎样的感觉？你对别人发飙后，你们的关系受到了怎样的影响？

我们撑面子：

几年前，迈茨和我一起经营着一家小店。即使在压力最大的时候，我们依然在外面顾全面子。没人能猜出来我们心里的感受。我们提供优质的服务，对顾客微笑，表现得友好礼貌，和蔼可亲。我们在与他们打交道的时候，隐藏了所有的不满。但我们经常没有精力像对待顾客那样友好地对待彼此！

回到家后，我们瞬间崩溃。连最基本的家务于我们而言都很难应对。我们经常吵架，并经常对我们的女儿茱莉亚不耐烦。有时，很小的事情都会让我们反应过度。

苏珊脾气暴躁，动辄发怒，我发现当她狂怒的时候，在她身边会特别不舒服。她真的会毫无来由地大发脾气。每当她大发雷霆的时候，我就避开，而这竟令她更加愤怒。一旦事情冷却下来之后，我们没有任何一个人想要或敢于谈论刚才发生的事。我们从未解决过彼此的矛盾，而我们的愤怒开始加剧恶化。

我，苏珊，认为迈茨可能不敢当面对质，因为他从来不想就任何事做出探讨。我自己也不知道当我大发雷霆的时候，来和我讨论是不起任何作用的。我学会了在争吵中如何靠发脾气获胜，而对方则必须屈服。

控制你的愤怒

有很多方法可以让消极的愤怒转变为积极和有效的事物。

当我们疲劳和不耐烦时，我们想也没想，愤怒的反应就自动上来了。

在你做出反应之前尝试先想想。

很多次，我们认识到对人发脾气是个很坏的习惯。你需要学会一种新的解决压力和沮丧的方法。一旦你感觉怒气从心里上来之后：

退后一步以避免一时冲动，否则你的反应就会和以前一样。

停几秒钟，做个深呼吸并想想整个情势。

你有权利生气，但是考虑成熟后再那么做吧！态度坚定一些，并确保你的语气很冷静。保持冷静会让事情变好，人们会听从你并以一种完全不同的方式尊重你。

避免使用一些指责性的话，比如“你大错特错！”或“全都怪你！”当你这么说的时候，对方就会开始防备，并听不进去你接下来说的任何一个字。当你责骂或对他人怒吼的时候，对方感觉受到了攻击，就会立即闪退一旁。然后开始完全陷入到想着如何反驳你来保护自己，并报复你的状态中。

如果你觉得你一定要批评某人，那就先从说些积极的话开始。如果你打算批评一个同事，就先这么说：“你工作那么勤奋，跟你一起共事我十分享受。但是……”然后再谈谈手头的问题，谈谈遇到这种境况，你是怎么处理的，而非提高嗓门，说：“我认为……”

当描述你的想法和你的经验的时候，多用第一人称表述，而非第二人称。比如，你这么说：“我为……感到难过”或“我很想谈谈所发生的有关……”

合理用词，保持一个正常的语调，在重复你自己的话之前，先停下来。告诉其他人你很感激他们能听你说话。这些都会让谈话在积极愉快的氛围中结束。将来人们则更愿意同你进行类似的谈话。

当别人向你发脾气

当他人向你发怒时，你会往心里去吗？千万别！他们发火不一定是你的原因。很多时候别人会有一堆跟你没关系的冲突，而且他们会将所有的沮丧都对准你。或者他们太累，压力太大却找不到一个更好的解决方法。

人们可能会惹你生气，激怒你，或让你失去平衡，但是怎么应对这些挑衅完全由你自己决定。这是你的选择！

当你和生气的人打交道时，后退一步，问问自己："为什么他们那么生气？生气的背后是什么？"然后告诉自己："我不需要往心里去。这与我并不相干。"

"人们不是真的发脾气，而只是利用发脾气这件事。"

——鲁道夫·德雷库尔斯（Rudolf Dreikurs）

放下你的愤怒

不要为以前的事愤怒。不要沉溺于过去。不然只会让你自己更加苦闷和抑郁。它只会伤害你，而且你会发现很难将精力集中于当下。

当你回到家，因白天发生的事感到气愤和懊恼时，告诉家人发生了什么，并告诉他们你的愤怒和气恼并不是因为他们！这个简单的行为和沟通方式可以避免很多不必要的愤怒、误解和歉疚。

记住，对于孩子来说，你是一个非常重要的角色榜样！我们做什么，孩子们就做什么。你希望你的孩子以一种积极的方式化解愤怒吗？如果他们知道愤怒能帮助你达到目的，他们也会使用这种方法。愤怒是一种重要的情感表达方式，但是你可以换一种有建设性和可控的方式来表达愤怒，而不是以带有攻击性和失控的方式表达，后者会带来更多的困难和误解。

改掉一些旧的坏习惯，你和你身边的人会感觉更好。人们也更愿意听你说话。

沟 通

Communication

缺乏沟通是导致一段关系破裂的罪魁祸首。我们以为彼此理解，而实际上并不理解，由此产生的误会又将导致痛苦、焦虑和更多的误会。

如果你们沟通顺畅，而且不把一切想当然，那么你们的关系将会越来越好。

我们经常以为自己说得很清楚，但事实上并不如我们自己以为的那么清楚。这是因为每个人的表达方式不尽相同。有些对于你来说十分清楚的事对于另一个人则不然。而第三个人可能会觉得你说得过分清楚，甚至感到你在侮辱他的智商！最关键点就在于你的信息是否被接收到。你可以再找个人问问是不是真的明白，他是否还有疑问。

如果你有什么不明白的——那就问吧！不要不懂装懂，直至你确定完全懂了。提出问题，会显得你非常感兴趣并迫切想知道。你可以这么问：“我想知道可不可以这么理解，你的意思是不是……”

语言上的沟通包括两部分：说和听。

无论是倾听他人，还是表达自己，做个开明、清晰和具体的沟通者都很重要。让沟通中的每个人都愿意表达自己，并被倾听。

沟通时要直接、清楚和具体。明确告诉他人你听到、看到或见证了什么，这些是怎么影响你的，你的感受如何。说清楚你认为什么是重要的，并分享你的感受。告诉与之相关的人，你也想知道他们的想法和感受。这能显示出我们关心和愿意倾听他们。

对如何与我们的孩子沟通，及我们的沟通方式将对他们产生怎样的影响进行反思极为重要。如果我们成年人经常抱怨自己的长相，我们的孩子也会。如果我们很八卦，并四处传播有关邻居、同事、家庭成员和朋友们的谣言，我们的孩子也会这么做！

问问你自己是否无意中向孩子传达了一些你其实并不想传达的信息。无论是从语言上还是行为上。

你该怎么改变这种现状呢？

“有时候，似乎别人怎么看我们，比我们怎么看自己要重要得多！”

——苏珊·比尔乌克

别在乎：

我，苏珊，已经意识到随着年龄增长，自己越来越不在意别人的想法。不是每个人都这样，但是对很多人来说，这与成熟度有关。

我生命中认为重要的东西已经变了。当我在二三十岁的时候，我认为熨床单、每星期打扫一次屋子、每周五购买生活用品和坚持吃早餐是很重要的。因为我母亲就这样，做这些似乎是理所当然的事。我不是说我母亲是错的，我的意思是我们每个人都按照习惯做事，从未问过自己是否想要这么做。

现在我不在乎房间是不是有点不干净，我也不再熨床单。我也不会因不吃早餐而感到内疚，也不再会每周五都去采购一周所需，因为我们买了太多不需要的东西，最后又不得不扔了。我经常会想如果15岁时我就有今天这样的自信和自我评价，我的生活会是什么样子。我会从事别的工作吗？我会住在别的国家吗？我会有什么感受呢？我还会陷入深重的疲劳和抑郁症中吗？

当人们说消极的话，反应消极时，若我们能理解他们这样做的原因，就没必要在乎，也没必要往心里去。我们不能因别人的言语和行为感到受伤。

学会不要将他人的否定和攻击放在心上，这会让我们感到难以置信的轻松。如果你养成了不在乎他人看法的习惯，生活中将会少很多思想包袱。

不要认为一切理所当然，也不要把事情太放在心上。

“每个我遇到的人都能教会我一些东西。”

——一位智者

你愿意选择哪种方式看问题：很多人忘恩负义而且不友善，还是几乎每个人都是友好和乐于助人的？

我们怎么认为别人，也会经常这么认为自己。

敢于说“不”

不敢站在自己做过的事情和相信的事情一边，是产生焦虑的一个普遍原因。即使你想，你也可能不敢说出来。

也许你认为应该坚持自己，因为有时候事情如你所愿了。但那是如何发生的呢？是通过可控的和有助益的行为，还是通过发火？

发火是绝不可能帮你表明立场的。

表露敌意、说脏话和愤怒，都是攻击性的行为特征。它们会让人们认为你缺乏安全感和无控制力，令人敬而远之。

当你用冷静和真诚的方式表达自己时，你会给人自信、深思熟虑和完全能掌控局势的感觉。当你学会了描述你的需求，会说“不”，以及说清楚自己的意图时，你就成长为真正的人了。你也将会得到应有的尊重。

你是一个避免发生一切冲突的老好人吗？如果你在哪怕极小的冲突中都一味退让，就会被人利用，最终将会伤到你的自尊。

学着坚持自己所信，学会说“不”，保持冷静，正是你需要不断练习的，直到这成为一个习惯，并自然而然地发生。

“没有我的允许，任何人都无法伤害我。”

——圣雄甘地

人们无法在生命中得偿所愿有很多原因：

· 我们不想别人认为自己很小气或爱挑剔。
· 我们不想被人讨厌，想让人们喜欢我们。
· 我们不敢要求自己所想要的，因为害怕听到说“不”。
· 我们不愿去寻求帮助因为我们不想示弱。
· 当我们受辱或受伤时，很难为自己发声。
· 我们想取悦他人，且不敢提要求，因为这可能会导致矛盾的产生。
· 我们不想让自己陷入冲突带来的不适和焦虑中。

很多人都担心，如果继续坚持认为重要的事，会使自己看起来很自私或有敌意。但如果他们能用正确的方法处理问题，这些其实可以避免。

说话时，严肃果断，而非用生气的语调。不要给自己找理由。语句简短，不要跑题。尽量简洁地说出非说不可的话，然后保持安静。

别找出一大堆理由，比如你没有时间，你不感兴趣，等等。不然别人还是会尝试说服你。只需要说：“真不巧，今天不行。”然后再转移话题或结束谈话。

苏珊分享了一个朋友的故事：

我的朋友经常忧心忡忡。我相信，这是因为她不会说“不”，或坚持自己想要的。现在，她的女儿已经学会了利用母亲回避一切冲突的特点，来得到想得到的一切。我朋友的行为源于一个事实——担心女儿不喜欢她，或认为她不是个好母亲。但是事实上，她已经失去了女儿的尊重。她女儿需要的母亲，是一个可以用冷静和慎重的方式，坚持原则并据理力争的母亲。这样的母亲才会是一个好榜样，才会被人尊敬。

记得有一次我朋友和我，在整个城市最好的饭店定了个位置。我们都期待有时间能享受些精美的食物并小聚一番。菜刚上来，朋友的电话响了，是她17岁的女儿抱怨胃疼，想让母亲赶紧回家。我朋友赶紧狼吞虎咽了几口，就冲回家照顾女儿了。

就这样，我们的美好夜晚泡汤了。我朋友担心如果对女儿说“不”，会引发二人之间的矛盾。后来她告诉我，她女儿称自己胃疼是想让母亲赶紧回家为自己做饭。我的朋友感觉很糟，她认为自己已经被女儿控制了。她也因晚餐吃到一半把我一个人扔在饭店感到内疚。

“我敢于选择生命中重要的事物。”——佚名

清晰地表达自己的意图，并在需要的时候说“不”，会帮助你树立自尊，你自己也会有安全感。

将你的意见以一种可控的，细致入微的，深思熟虑的方式呈现出来！

不要让自己感觉内疚。偶尔让自己放松下来，做自己想做的事、你认为很重要的事，坚持你的想法。

不要等着别人给你做决定。你自己来决定——你可以的！

如果你需要别人来帮忙，你一定要学会寻求帮助。只要谨慎思考后，言语冷静，态度友好，多半能得到你需要的帮助。当然你也可以选择不求人帮忙，期望到时候会有人主动帮你。或者你可以全部包办，直到你突然爆发，然后大吼大叫，埋怨周围的人都不帮忙。其他人可能会防备性地吼回来，然后每个人都感觉很失败。

一个坚定的和勇于表达自己的人，自我评价会很高，也很爱自己。

我们都是彼此的榜样。

你尊敬谁？谁尊敬你呢？

“他们也许忘记了你曾说过的话，但他们永远不会忘记你说那些话时，他们的感受。”

——卡尔 · W · 布屈纳（Carl W. Buechner）

愉快的关系和幸运无关

一段良好的关系并非是你碰巧遇到的。哪怕是一见钟情，最坚定不移的关系也只能建立在伴侣双方每天花时间相互关心之上。爱是需要你刻意经营，持续奉献的事情。

很多夫妻多年来一直在努力寻找维持快乐关系的完美秘方。其实真的很简单：

给对方全心全意！

为了维持一段良好的关系，你需要完全置身其中。为了表达对伴侣的尊重，当在一起时，你应该将全部的精力集中在他（或她）身上，且不被一大堆其他的事分散精力。

经常彼此触摸！

谈及性在一段关系中的重要性，很多人有不同的看法。但是我们知道，毫无疑问，在爱的旅途中，彼此之间的亲密和触摸是十分重要的。你具体做了什么并不重要，重要的是你这么做了。当相互触碰对方的身体时，我们的情感纽带又加强了。

继续宽容！

继续像两人关系最初建立时那样，体贴入微地关怀彼此。

经常表示出对伴侣的欣赏！

记得告诉你的伴侣他（她）对于你来说有多重要。告诉对方你很感谢生命中有他（她）出现。经常感谢彼此。

相互联系，是因为……

很多忙绿的夫妻，经常会困生活琐事陷入窘境。谁带孩子去医院？我们需要去采购吗？今晚谁做饭？快乐的夫妻经常打电话或发信息给对方，也仅仅是因为——

想借此调调情！

不论你们在一起多久，都要赞美对方，夸夸新发型，赞美新外套，或者只是笑着打情骂俏。

一起做点什么。

一起做一件事，可以增强你们的关系。一对快乐的夫妇知道如何像团队一样工作。

开心点！

不要生活得太严肃。经常一起笑的夫妻更有可能保持一段牢固的关系。

要道歉!

记得道歉。生闷气和板着脸会让周围人深受其害。道歉可以帮助我们成为真正的人。

支持你伴侣的希望和梦想!

关心伴侣的梦想，希望和计划。这就是爱!

一项近期研究显示，多年在一起的夫妻都是那些会宽宏大量和友善地对待对方的人。

“造成婚姻不幸的不是缺乏爱，而是缺乏友善。”

——*弗里德里希·尼采*（Friedrich Nietzsche）

自我肯定

Affirmations

自我肯定适用于个人发展。它能将你自己和其他事物区分开来，也可以帮你实现你想追求的目标，或使目标实现起来更容易。

你可以用自我肯定让自己更加勇敢和快乐，去改变一个坏习惯，或者发挥更多的功能。

肯定背后，是我们可以通过思维、情感和信仰创造我们的周围和内心世界，而这也意味着我们对自己的生活拥有更大的掌控能力。

我们经常倾向于对自己作消极的肯定，例如“我的鼻子很丑”或“我不善于做某事”等。我们都知道当这么认为时，心里感觉多糟糕。这样的想法越多，我们也越可能变成这样，且更会让消极的思维操控我们的生活。

如果自我肯定有消极作用，那么同样会产生积极的作用！

我们可以使用积极的自我肯定获得更多积极的感受，并更容易实现我们的目标。

当你开始肯定自我时，将以下建议记在心里：

·应当很简短。例如：“我很自信。”

· 应当很积极。避免使用如“不是”“从不”“必须”或“应该”之类的词。

· 应当落脚在“我怎样怎样”的句式，并尊重自己的本性。例如：“我，苏珊，是个冷静和清醒的人。”

· 应当由现在时构成，就好像它们已经是事实了。例如：“我有……”“我是……”“我能……”。

创建你自己的自我肯定，并尽可能频繁地说给自己听。默默地告诉自己，也可以大声说出来。在一张纸上记下来，并放在你经常看到的地方，时刻提醒自己。

自我肯定分享：

> 自从决定帮助更多的人，以免他们陷入和我们一样的压力和焦虑状态后，分享从这本书上学到的东西，就成了我们的使命。为了实现目标，我们每天相互间也对自己重复“自我肯定”的话。就像这样：“我们的书《你可以改变》卖了50万册，而且已经在10个国家出版。”

自我肯定不是要你自己欺骗自己，而是要改变你的思维方式。

它会引导你达到自己的目标，并更积极地对待生活。

以下是更多的例子：

我听从内心。

我喜欢挑战，并从中成长。

我很强壮。

我吃得很健康。

我做自己就足够好。

我够好了。

我身体很好。

我的需要很重要。

我的经济情况愈趋变好。

我得到了所需要的。

我拥有想要的一切。

我的生活很快乐。

我时间充足。

我很放松。

我很勇敢。

八卦

Gossip

你认识到了言语的无穷力量吗？当我们对某个人说些什么的时候，会产生多大的影响呢？尤其对我们的孩子来说更是如此。作为家长，我们的说话方式、处事方式、给孩子传达的信息，都对孩子负有重大责任。我们说的每件事他们都会模仿，而且我们的意见会在他们心里留下深深的印记。

人们对我们说的话会改变我们对某件事或某个人的看法，或好或坏。

当我们听到别人说八卦的时候，为什么会那么快跟风加入？

害怕？

我们的理论是，当听到其他人存在同样的问题时，我们会觉得不那么孤单。我们也许发现谈论其他人比谈论自己容易，因为谈论他人无须承担责任，或暴露我们自己的问题。如果我们能够只谈论自己，而非他人，谈话会更真诚且更具建设性！

当你听到有关他人的八卦时，这些话会存在你心里，并在你随后遇见他们时使你觉得拘谨。当你和八卦的中心人物共处一室时，你将会觉得很不舒服。

当我们听到八卦，或背后讲人坏话时，我们自己会感到很不舒服。我们整个身体都会感到不适。如果你讲别人好话，你的感觉完全相反。尝试一下吧，随后你会发现你的感受已经大为不同！

通过他人的眼睛：

我，苏珊，有一个学生，她曾在实习期间跟办公室的上司相处得不太愉快。每一次我看见她，她都会告诉我一些他们之间的矛盾。于是我想这位上司应该是个剥削员工、不肯听取同事意见的人。因此给我一种难以相处、麻木不仁，且毫不讲理的印象。

几年之后，迈茨和我开始与那家公司有了更多的接触，去那儿实习的学生也越来越多。我们随之认识了这位学生的上司。后来我发现，她很善良，积极向上且工作勤奋。她正在努力实现自己的目标。每次我们拜访她的时候，她都很开心且服务周到。问题在于我一开始并不是很愿意认识她，因为我是通过我学生的视角来看她的。

我们可能错失了很多良好的关系，因为已经有人将一些消极的八卦植入我们的脑海中了。

孩子们听到成人之间传播有关他人的谣言、评判和偏见，有时甚至是压根没见过的人。孩子们却以为这是非常正常的沟通方式而效仿之。

假设一个10岁的小女生听到某个同学说她很丑。也许这个学生是因为嫉妒、受挫，或因自己生活中的某事感到失望而说的，但“丑”这个词成了小女生的心结，而且自此以后她开始觉得那是真的。最终这种心结会越积越大，逐渐导致厌食症或暴食，焦虑、强迫症或自伤行为。

我们必须要让我们的孩子明白，他人的评价不一定非要在意。

迈茨的分享：

奥普拉·温弗里（Oprah Winfrey）的脱口秀上有一次来了一位35岁的女嘉宾，讲过一个她高中时曾发生过的故事：有一次，她正站在她的储物柜前，突然听到储物柜对面有两个男孩在谈论她。他们说："如果有谁想和简上床，他们先得给她的脑袋套个袋子！"然后他们哈哈大笑。这句话彻底改变了简的生活。从那天之后，她笃定自己又丑又令人厌恶。成年以后，她一直无法和他人进入亲密的恋爱关系，一直独身，因为她坚信自己太丑了，不可能会被任何人爱上。就那么一句话，就彻底给她洗脑了，而且这么多年来她一直都重复对自己说这句话，以至深信不疑。

我们对彼此说过的话和给过的评论，十分重要！

练习：

决定一整天不说任何一句有关任何人的坏话。用这一天去聆听你身边的人怎么谈论彼此的。你将会为那么多正在传播的谣言感到震惊。

有意识地控制你的言语！谨慎使用言辞，不要让言语伤害你或者你身边的人。

想想每一次有人来找你八卦，大多数情况下，都是在向你散播一件不真实的事。八卦很难避免，但是你可以通过这么说来保护自己：“我不想听八卦。”或者你可以提出质疑，反问：“你怎么知道？”或“这是真的吗？”

“谣言止于智者。”——佚名

时间安排和组织

Scheduling and organization

你会让时间控制你，还是你来控制时间？

我们不断发明新技术来节省时间。但似乎使用的设备越多，留给我们的时间越少，也更能感受到压力。当然，如果合理使用，电话和电脑还是可以给我们节省很多时间的，但我们也会时时刻刻被二者填塞，倍感压力。

如果你不做计划，除了最重要的事情，你将会永远没有时间，而这也会给你带来压力。制订计划能保证你有时间做一切必须做的事。那么你就不再会为没做的事情感到压力。

“没什么是不可能的，只是需要更多点时间。”

——温斯顿·丘吉尔

苏珊的有效性：

有一天，我准备给厨房做大扫除，我先去洗衣间里找一块抹布。等到了洗衣间，我发现洗衣机里有几件湿衣服要晾，但我首先得将干衣服取下来，挂进衣橱。到了卧室，我看到花急需浇水。于是我又跑到卫生间接了点水，但瞬间忘了自己为什么去那儿。我又跑回厨房，然后意识到自己需要一块抹布。我认为自己效率很高，因为我一直在忙，但事实告诉我，这些事让我花费了更多的时间。我从未全身心地投入到正在做的事情当中。我做了很多小事，但没大事，而且我从没觉得真正完成过什么事。我坚信多管齐下这个词已经过时了。同时处理多项任务不会有效率。现如今，我们认为应该同时处理几件事情。但我发现每次全神贯注地做一件事才是最有效和最现实的。好好做，完成了再继续做别的。我认为这才能节省很多时间！

“我没时间休息”

有些事能让你拥有更多的时间，如少看电视，少用手机和电脑。想想你每周有多长时间坐在屏幕前。这些时间里，你愿意拿出几个小时用在应该做的事情上？

据几年前的一份瑞典电视报告显示，瑞典人每天有6个小时花在看电视、听收音机、上网和看报纸上。我敢肯定这个数字只升不降。

我们每天接收到的信息都必须加以处理，但我们每天只有24个小时，我们需要为反思、放松和恢复安排时间。

我们不能让我们的大脑被各种各样的琐事、故事和意见充斥，而不加删减。偶尔，我们丢掉一些事情，为大脑腾出一些空间。我们睡着了以后是干不了这些的。睡着以后，我们无法操控大脑去运用思维解决这些问题。这就是为什么有意识地冥想和放松如此重要！日常生活中每天花点时间冥想十分重要，找到最好的方式，并把这个时间安排进你的日程。至少将放松和冥想的计划置于和健身计划一样重要。

电视，科技和我们：

在女儿茱莉亚小的时候，我们经常打开电视播放儿童节目，然后整晚都开着。最后，我们教会了她怎么开电视，但是在玩某个东西的时候，她很少会打开电视。现在我们尽量不开电视，因为一开就很难关上了！当今社会，电子娱乐设备简直触手可及。太容易一边开着电视，一边又浏览手机或电脑了！对于每个成员拥有不同需求的家庭来说，限制科技产品的使用太难了。最重要的是，有意识地将其作为一个家庭问题来探讨。时不时地切断与科技产品的联系吧。你们可以一块儿散步，畅聊或者下盘棋。

每个人都能帮忙

有的孩子太衣来伸手、饭来张口，认为家就像个旅馆一样！如果全家人都能齐心协力帮忙做家务，每个人都会有更多的富余时间，也就可以更多地聚在一起。

孩子们可以很小就开始给家里帮忙。每个家庭成员，餐后都应该把自己的碗筷送进水槽，这应该从小做起。如果你从最开始就鼓励孩子做事，他们是很乐于帮忙的。

大点的孩子当然能帮忙做更难的事情。如果你向他们解释你很需要他们的帮助，而不帮忙将会有什么样的后果的话，他们很容易就能理解。他们会认识到当所有人都齐心协力工作的时候，一个家庭就如一个团队一样。

马丁，我们的小帮手：

马丁，临时寄养在我们家的5岁小孩，每周都会花几个小时与我们在一起。只要稍加鼓励，他就会乐此不疲地帮忙！他似乎把干零碎活当成游戏一样。他喜欢站在一个凳子上搅拌罐子，切菜，摆放餐具和倒东西。如果知道自己要穿什么的话，他甚至能自己穿好衣服。他太乐于助人，太能干了，因为他的母亲在他学步时就经常鼓励他自己干活了。我们发现如果成年人以一种积极的和一起玩耍的心态邀请孩子们时，这个年纪的孩子是十分乐于助人的。如果大人不是以一种唠叨或者命令的口气要求孩子帮忙，孩子们亦会欣然而往。

孩子们应该每天都干点家务，尽点义务，以让他们有归属感，让他们认为这个家也是他们的。每完成一项任务或活计时，他们就多了一份自信。在做决定时，应与所有家庭成员讨论，共同决定。孩子们会认识到自己意见的重要性。他们感受到尊重后也会尊重你。

被宠坏的迈茨：

关于孩子不帮忙干家务会产生什么样的后果，我本人就是个鲜明的例子。作为三个孩子中最小的一个，我被照顾得无微不至。我母亲很温柔体贴，我父亲很能干，我还有个十分有责任心的哥哥和乐于助人的姐姐。他们所有人都热心关爱我，用爱和善良把我照顾得十分妥帖。但是这些帮助令我完全无法独立生活，并且丝毫不知道如何照顾自己。我的第一个女朋友着实震惊不已，跟她一起生活的竟然是一个26岁了还不知道如何洗衣服和做饭的人。

为更好地做计划和更好地组织给出的建议

- 写下日程安排。
- 制订一个超过一个月、六个月或一年的计划。谁人要干什么？

- 制订一个详细的短期计划，比如一周。谁人要干什么？
- 别把时间安排得太满。为事情在计划外多留些时间，以及留些余地给那些临时发生的事。
- 学会对别人占用你时间的需求说“不”。
- 尽量把任务都指派出去。
- 全家人一起制订计划。

明确一天中精力最旺盛的时间段，并用那段时间去做最重要、最耗费精力的事情。每天晚上尝试给自己至少10分钟的放松时间。

即使只使用这些建议中的一两条，你也将会惊喜地感觉好很多。计划和安排的改善需要实践，因为你需要改变看待自己“做了什么，什么时候做和如何去做”的方式。

最初你可能感到内疚。不必！你应该感觉良好才对！

迈茨曾满载负荷：

我的日历曾经总是被安排得满满的。我一直在赶时间：我走路飞快，匆匆吃饭，开车也快。永远都有做不完的事。我设定不现实的目标，从来没有时间干别的。而且经常在几件很重要的事情中间做出选择。头天做不完的事就拖到第二天，然后第二天变得压力更大。苏珊也有同样的问题。

有段时间，苏珊和我都受不了做事节奏很慢，甚至正常节奏的人。我们讨厌排队，而且遇到讲话慢的人就感觉郁闷。我们毫无耐心，也很难放松。我感到压力如此之大，以至在跟我女儿玩耍时都无法集中精力。跟她在一起时，我满脑子想的都是别的忘记要做或需要去做的事。

有一次，在去我父母家的路上，遇到堵车，我压力大得几乎快要崩溃了，尽管我并没有别的安排也不赶时间。我从来没问过自己为什么如此紧张，紧张似乎已经成了我的一个默认状态。

如果你已经意识到自己和描述中的一样，你要认识到目前境况的严重性。这样过生活是十分不健康的，你需要改变。你需要辨别和关注那些给你的生活带来压力的因素。有些事情，你注定无法改变，你要改变的是看待它们的方式。

为你自己留出一些时间，并在你的日程表中标记出来。少花点时间在你的手机，电脑和电视上。你需要时间重新获得能量。泡个澡，关上门，听听音乐，放松，冥想，练瑜伽或气功，或者去散散步，哪怕只有15分钟也好。

恢复是首要的事，尤其是你的生活需要你保持精力充沛时。

“睡前计划千千万，一觉醒来全忘光。”

——佚名

整 齐

周遭环境对我们的幸福感有着重要影响。混乱和无序会给我们带来压力。

在一个家庭中，每个人对混乱的界定不同。大家都把对混乱的不同界定说出来，然后达到一个共识，这很重要。在公共空间里，我们需要普遍共识。

做个完美主义者与爱干净、爱整洁不一样。完美主义是一种可能导致强迫症和恐惧感的不健康行为。

整齐是指事物都在自己适当的位置。你的家庭无须看起来像家装杂志上一样，它应该看起来像个住的地方。

当我们感到有压力时，大脑也一片混乱。正因为内心十分杂乱无章，周围环境整齐有序才显得更加重要。

我们对孩子们的影响：

> 我，苏珊，经常将衣服扔得家里到处都是，于是茱莉亚也这么干。我明白这么做让茱莉亚误以为是OK的。
>
> 直到今天茱莉亚已经长成少女了，依然将她的衣服扔得到处都是，就像很多青少年一样。而我，相反，却已经不这么干了。

如果我能收拾好自己的东西，我将会建立一个伴随她成长的行为规范直至长大成人。我们的所作所为将会影响到孩子，并最终成为“设立”的规范或法则，尽管可能有一天我们会难以置信，孩子们好像总是跟我们对着干！

杂乱的环境如何影响我们？

拿一个房间做个小测试，比如，你的卧室。看看未整理好的床铺，你有什么感受？然后铺平床单，理好被子，整理好床头柜。把不用的东西都收起来。站在门口再问问自己，现在感觉怎样？

醒来后你第一眼看到的是什么？

它是你想看到的吗？你房间的样子会影响到你的睡眠。回到家，你进门首先看到的是什么？你能做些改进让你的家看起来更温馨吗——哪怕只是为了自己？

“不要想你没有什么，而是多想想你拥有什么。”

——圣雄甘地

让家变得齐整的建议

东西不能太多

把所有不需要的东西都收起来或处理掉，即使那些东西可能在床底下、沙发下或门后面。即使你看不到它们，你依然能意识到那些东西就在那儿，这会让你感到不舒适、不自在。

整理你的衣橱

当你打开衣橱，所有的东西都应该是井然有序的。制定一套实用的收纳体系。你如何堆、叠、挂或放东西都该成系统。

墙上挂的东西

画、照片、架子和一切你挂在墙上的东西，都应该跟家具或附近的东西看上去是一个整体。否则，它们看起来就像散乱地漂浮在墙上，自成一体。

重新装饰应该更加有趣

找间屋子，研究一下，重新摆放家具，再感受一下是什么感觉。分分类，再丢掉一些东西，慢慢改变。全家人坐在一起，每个人都谈谈心目中房间的样子。所有人都应该喜欢这个新空间！相互妥协之后，总会有一个很好的解决方案出现！

运　动

Exercise

先前，人们靠体力劳动维持生计，这让他们得以自然消耗荷尔蒙并释放压力。今天很多人的工作要求他们成天坐着，运动对这类人来说就变得十分重要。

体能运动对于那些受压力和焦虑困扰的人来说非常有益。

处理掉你白天积累的多余的应激激素是极其重要的。

体能运动可以帮助你排除身体里的毒素。它将会提高记忆力和大脑的全部功能，包括你的学习能力和精力的集中。

运动可能通过改善你的睡眠质量，增强你的免疫力。只要你不运动过度，这将会是十分有益的——太过度的剧烈运动实际上会减弱你的免疫系统。

这与你做什么种类的运动无关。最重要的是你要经常运动。每天30分钟的轻松散步就是项很好的运动方式。

当运动时，你的身体会分泌出一种激素——内啡肽，它会让你感到更精神，并能增强控制情绪和反应的能力。

只要你开始运动，就会帮助身体抑制压力荷尔蒙的产生。你会知道你的身体如何运转，并对它有更好的认识。你的身体和心理会更加有平衡感，你也会更加放松。

迈茨需要运动：

运动对我有重要的影响。经常运动的那段时期，我应付压力和焦虑时十分自如。我很快乐，精力更加充沛，也更有耐心。我知道开始很难，但一旦有合适的动力，你就不会停止。

当我开始定期做运动时，我总能抽出时间，这已经成为了一个习惯。我为之感到骄傲，因为我把自己照顾得很好，并提高了自我评价。

做健康的选择，并确保经常花时间运动。

“只要做了，就是最好的运动！”——佚名

睡　眠

Sleep

按照一位瑞典著名睡眠研究员妥布尤恩·艾克斯特德（Torbjörn Åkerstedt）的研究，人们越来越认识到睡眠之于健康的重要性。拥有良好的睡眠习惯，我们将会降低患各种疾病的风险，艾克斯特德教授强调，睡眠对于保持情绪平衡至关重要。你了解有关睡眠的科学越多，你会越了解为什么一个人缺乏睡眠，就越情绪化，并容易产生情感的波动。睡眠不足时，我们会对正常情况下不太在意的事物反应过度。最近的研究也显示，太少或被扰乱的睡眠会导致胆固醇、心脏病、糖尿病、抑郁症和各种衰竭症状的增多。我们需要睡眠来修复和重塑我们的身体，并从白天受到的创伤中恢复过来。

睡得太少或睡不安稳，我们的身体就会失去复原和完全恢复的能力。这种体能恢复能力的丧失，解释了睡眠障碍和压力之间的联系。

人们无法入眠的一个普遍原因在于我们很难关闭我们的思维开关。女性比男性容易患睡眠障碍，因为这种障碍普遍发生在管护行业，如教师和护士等，而这类行业中女性占大多数。

缺乏休整时间背后的另一个原因，是我们处在一个24小时不停运转的社会。我们被期待可以一天24小时运转。如果我们愿意，我们可以一直活动，不停运转，工作和休闲时间的界限也可以被消弭。夜间的活跃扰乱了我们的生物钟，并导致睡得太浅或睡眠中断。夜猫子似的习惯导致睡眠质量差，进而导致脾气变差，精力难以集中，而这又会降低我们的做事效率。

大多数人每天晚上需要7个小时的睡眠时间以抵抗疲劳，并降低患慢性病的风险。

苏珊忽视了她的疲惫：

我有大量独处的时间，因此很容易就把睡眠问题忽视了。作为一名母亲，孩子还小，我会把家庭放在第一位，而常常忘记自己。我开始利用晚上的时间学习、缝纫、阅读和收拾屋子。短期内这很奏效——我白天照顾家人，晚上忙自己的事。但是一段时间过后，我开始浑身疼。

今天，我已经知道睡眠有多重要。我知道缺乏睡眠给我带来了多少问题。而今我很在意自己的身体，并能认识到睡眠不足时身体所发出的信号。

不要过于纠结你的睡眠问题，因为这真的会让你难以入睡。

当睡眠充足时，你的抑郁类症状，如担忧和焦虑等都会减轻，而且你也会提升自我评价。

关注你能睡觉的那几个小时，而不是睡不着的时候！

以下有几个小建议可以帮助你睡得更好更长：

把你的电视、手机和电脑都挪出卧室。

研究显示看电视并非是一种放松，你的大脑一直在处理你所看到的一切，并未得到休息。

不要在床上工作。

床是用来放松和爱的地方，别无他用！

确保卧室内是暗的。

褪黑激素是我们疲倦时分泌出的激素，会受到光与暗的调控。从电脑屏幕和手机屏幕中发出的光通过我们的眼睛进入大脑，并干扰褪黑激素的分泌。

投资一张好床。

投资一张好床远胜于投资一辆昂贵的车！

咖啡、尼古丁、酒精和糖都会令你头脑清醒，如果你临睡前摄入的话。

确保你的卧室凉爽。

睡前打开窗户，让你的卧室透透气，或开着窗户睡觉。

利用白天思考问题。

当你睡觉时，如果你有问题要解决，把它们都记下来，放到第二天处理。

运动。

有规律的运动会提高睡眠质量。临睡前不要做剧烈运动，因为这会让你更加清醒。

如果睡不着，就起床。

做些会让你困倦的事，例如读一本书。这会让你的身体在下次躺下时，再次酝酿进入睡眠模式。

睡前不要吃东西。

如果吃得太饱，你会睡不着，但如果太饿也会睡不着。

尝试保持有规律的睡眠作息。

当你决定某个时间睡觉和醒来时，试着每天都坚持这个时间点。十点前睡觉是最棒的法则。

临睡前试着放松一会儿。

如果有机会，做些放松运动。

养成一种睡前仪式。

每天晚上做同一件事情，比如抹点身体乳，读一章节的书，刷牙。几周后，你的身体就会知道什么时候该入睡了。

白天尽量不要睡觉。

如果没什么别的办法，那就早点睡，晚点醒。

“让她睡吧。因为如果她一醒来，就会弄出大动静。”

——佚名

放松运动

如果你很难入睡，或者半夜醒来很难继续入睡的话，推荐你一项很好的运动：

- 如果可能，平躺时手臂放在身体两侧，手也放在两侧或放在肚子上。腿部伸直不动。如果感到腰部上方不太舒服的话，你也可以放个枕头或者卷一张毯子在膝盖下。闭上你的眼睛。
- 关注你的胸和腹。注意它们是如何伴随你的呼吸上下起伏。
- 透过你的鼻孔，缓缓地呼吸。呼气时，从1数到10数你的呼吸，比如：吸，呼—1。吸，呼——2。吸，呼——3。然后再从10到1数你的呼吸。如此重复。

如果你被别的思绪打断，忘记数到几，重来就行。这项运动可以帮助你放空大脑，放松身体，并集中关注此刻发生的事。

“白天已逝，夜幕降临。今日一去，万事皆了。迎接汝梦，入夜之境。及至新光，明日即临。”

——佚名

是否需要药物？

To medicate or not?

抗抑郁药（SSRI's）的药效，部分在于帮助你维持某种精神状态，这种状态下，你可以改变你的生活方式和消极行为。

很多受到压力和焦虑困扰的人，都想知道他们是否需要药物治疗。如果你感觉自己需要药物，这并不意味着你很弱或者很失败。这没什么好羞耻的。这也并不意味着你下半辈子都需要服药。

如果你开始用药，你应该同时去找治疗师或心理医生，最好是专门研究认知行为疗法的医生。

认知行为疗法（CBT）是一项心理治疗方法。CBT教你改变导致你产生精神疾病的思维、感觉和行为，帮助你摆脱病症并防止复发。CBT是一项构建性的、积极的、启蒙式的心理治疗形式，更多关注于当下和将来，而非过去。

让药物成为一种助力

抗抑郁药可以帮助你感到镇静，感到更平衡并中和强烈的反应。要知道，药物需要几周才会见效，而且最初，它们可能会加剧你的恐惧和焦虑。

如果你决定尝试一些减轻焦虑的药物如奥沙西泮、安定、阿普唑仑，要知道它们是会上瘾的。因此这些药物，应该只在短期内限量服用。咨询你的医生、治疗师或心理医生，怎样对你最有益。

抗抑郁药并非对每个人都有效。有些人的症状可能还会加重。另一些人可能在找到适合他的抗抑郁药前，已经尝试过多种不同药物。

我们的经验：

我，迈茨，从最开始就十分抗拒药物（普通的抗焦虑药）。我对副作用和药物上瘾害怕得要死。但有一次，我跌入了前所未有的低谷，每天几乎无法正常生活，我实在别无选择，开始服用一些抗抑郁的药物，它也确实将我从焦虑中释放，让我从刚刚开始的心理咨询中更容易获益。

我，苏珊，也曾服用过抗抑郁药一段时间。这种药帮助我更容易控制住频繁的情绪过激反应。我也曾从认知行为治疗师那儿寻求过帮助，他教给我一堆需要做的练习。我认为与一名专业人士交谈感觉很棒，在能够和需要改变的事情上，可以获得很多帮助。以一种新的视角观察过去的行为是很难的，甚至很受伤，但是若要康复，这是必须的。

刺激物——不会让生活更容易

Stimulants don′t make life easier

很多人会利用不同的刺激物以让自己振作、冷静、舒适和提升自信。用完之后，这些药物会让你对压力更加敏感，与内疚、担忧和焦虑一起，让你感觉更糟糕。对这些刺激物的依赖会成为一种恶习，或上瘾。

我们认为一支烟、一杯咖啡、一瓶酒或一块巧克力，可以帮助我们放松，但实际上它们的效果正好相反！

你可能会觉得你更加清醒，是的，但你只会清醒片刻，副作用随之而来。你觉得更加疲倦甚至更加焦虑，然后你需要再次“补充”。

高昂和低落循环往复，待一天结束后，你会发现你的身体已经因刺激物的帮助而受损。这又会让你产生出另一种消极情绪——内疚。

糖

当我们食用了含有高糖成分的食物之后，我们的血糖水平会升高，于是会产生胰岛素来降低血糖。当产生太多胰岛素后，我们的血糖就会过低。身体为了再次达到一个正常水平，就会产生肾上腺激素。而肾上腺激素的副作用会让我们更加紧张，担忧，充满焦虑。

过去的几年里，大量新型的糖和增甜剂开始出现在我们的食物中。高果糖玉米糖浆，麦芽糖糊精，葡萄糖，玉米淀粉，阿斯巴甜，三氯蔗糖和甜菊只是冰山一角。服用太多阿斯巴甜等于泻药；三氯蔗糖与炎症性肠病有关。研究也显示，人工增甜剂与Ⅱ型糖尿病、心脏病、新陈代谢综合征和肥胖有莫大的联系。新增甜剂和普通的糖对身体有同样的消极作用。

有些新型增甜剂可能更危险，因为身体和大脑不能将它们吸收和作为能量使用。这些成分被转而贮存在肝脏当中，导致肝脏肥大。

苏珊的甜食欲：

有段时间，我对甜食有着强烈的渴望。试图避开糖是种折磨，因为甜食无处不在！晚饭后我更加想吃甜食。尤其是如果晚饭吃了碳水化合物，比如意大利面、白面包，或者快餐，我对甜品的欲望就会极其强烈。唯一让我避免吃不健康的甜品的方法，是家里不放甜品。如果家里有的话，我肯定无法控制自己。尽管科学上说，吃甜食并不会上瘾，但我自己的经历证明是可以上瘾的。当我想吃甜食却吃不到的时候，我就变得难以置信的急躁。不过这真的只是和习惯有关。有时候我会吃水果、放了肉桂的奶酪，再来几片香蕉。当我感觉不错的时候，就赶紧漱口，这确实也挺管用！

茱莉亚小的时候，我们注意到每次吃糖后，她的行为都有巨大的变化。每个星期，她都从小卖部买一些糖果。吃完后，她变得更加好动，躁动不安，而且易怒，还跑出去买更多的糖。回头想想，我们一点糖果都不该给她，但拒绝她真的很难。

今天的家长已经越发意识到了糖的影响，很多人已经开始限制他们孩子的糖品摄入量。但是这并非易事。很多儿童广告中的产品都添加了很多糖分。为儿童提供的酸奶、麦片、果汁等经常含有比成人产品更多的糖分。这是个问题，因为孩子们的身体太幼小，服用的糖量却很高。每天吃含糖量高的早餐也不好，会让接下来的一整天对糖的渴望更强烈。瑞典政府建议中小学生每周食糖量不能超过150毫升，并建议吃饭时喝水而非饮料或果汁。

咖啡因

咖啡因存在于咖啡、绿茶、黑茶、巧克力和瓜拿纳（guarana）中。近些年来，功能饮料越来越受欢迎，销量不断上升。饮用功能饮料的人当中，很多都是青少年和儿童。他们幼小的身体根本无力承受咖啡因，而且他们并不能像大人那样适应咖啡因。过度摄入对他们来说具有很高的风险，儿童可能会出现恶心、眩晕、焦虑、心悸和肌肉抽搐等症状。因为咖啡因会催生压力，也可以带来精力难以集中、紧张、更加易怒和焦虑等症状。咖啡因过度刺激了中枢神经系统。

瑞典政府建议孕妇减少咖啡因摄入量，因为咖啡因摄入过多可能导致流产。咖啡因与酒精混合也会带来危险。因为咖啡因是刺激性的，而酒精是镇静性的，这就意味着当你将二者混合的时候，你无法感受到酒精的效力。若你饮酒过量，就会很危险。

酒　精

当今社会，酒精已经被广为接受。在不同的社交场合，不喝酒会被认为行为古怪。实际上，酒精是很容易上瘾的。酗酒是种很复杂的病症，酗酒的人需要向他人寻求帮助才能戒掉。很多人把喝酒当作放松和休闲的方式。是否饮酒过量并不容易被界定。

酒精能让人冷静也能让人放大情感。久而久之，它会增强愧疚和焦虑。酒精中富含卡路里，它会让人胃口大增，也会令人增加对糖的渴望。如果你觉得你很可能酗酒过量，千万不要犹豫，向专业人士求援吧！

欲望和习惯会左右你的人生

降低或戒掉你对糖、咖啡、烟和酒的欲望是可以做到的。你身体的某个部分知道不能再吃那块糖，不该抽那根烟，也不应喝那杯酒了，但是你依然照旧。为什么呢？因为你身体给出的你要停止的信号实在让你难以应对。我们显然不想听从自己的身体。

当然，你对这些东西的过度依赖，总有个原因。也许你想舒适一点，想逃避什么，或者想放松一下。也许你是想填补内心的空虚。所有的兴奋剂都会给予某种形式的回报。如果你从酒精中获得的是放松，那么请换一种更健康的放松方式。如果咖啡因让你兴奋，但是你想戒掉这个习惯，你可以用轻快的散步来代替！

不停地尝试，换一种健康的方式会让你获得同样或更好的回报。

当感到欲望来临时，我们常常会试着抑制欲望。但，我们越试着不去想它，越抑制不住。最后欲望变得更加难以控制。

与其忽视或压抑你的欲望，不如感受它，关注它。欲望来临时，你感觉如何呢？你在想什么？你在责怪自己吗？你是不是劝自己就纵容这一次也没什么？

欲望来临时

想一想如果你战胜了自己的欲望，会有什么积极的反应。

当你准备屈从于欲望时，再等十分钟。注意一下抑制欲望期间，感觉如何。

观察并描述你的感觉。无论你有什么感觉，都是可以的。你会发现并没有那么可怕。

享受这种感觉，不要一时冲动做你不想做的事情。如果你焦躁不安，那就找点事做让自己忙起来。散散步，干点活，或者打个电话。如果你感觉很累，躺一会儿或打个盹。留意一下，需要花多长时间才能让你祛除欲望。

你战胜欲望的次数越多，过程就会越容易。如果你能坚持直到冲动和欲望自行消解，你的生活将会更加美好。

你会感觉越来越强大。

将来，等你感到你的压力和恐惧减轻或消失的时候，你可以随意地让自己喝杯咖啡、茶、酒，或来块巧克力。但是如果你曾经对这些东西极度上瘾，将来最好还是尽力避免。

最重要的是你要清楚地知道这些药物如何影响到你，以及你的局限所在。

幸福的颜色和形式

Color and form for wellbeing

我们可能知道自己喜欢或不喜欢什么颜色，但是很少有人想过颜色是如何影响他们的。自然界中，颜色经常富含深意。需要吸引昆虫以求得生存的植物，总是颜色艳丽的。

世界上很多人最喜欢的颜色是蓝色，也许因为我们常常将之与天空之蓝相联系。我们的嘴唇是红色的，以此吸引异性。女人们的乳头是红棕色的，这样新生儿就能很容易辨别，找到食物。

印度从公元前2000年就开始使用颜色疗法了。埃及人也是很早就开始将颜色用于治疗。

建筑学家和心理学家卡尔·瑞伯格（Karl Ryberg），在他的书《日常生活和治疗中的颜色》（*Colors in Everyday Life and Therapy*）中说：

> 人们已经做过无数的医疗研究，来了解颜色和光对我们生物体的影响。结果显示，颜色对我们人体的内平衡有强烈的影响。彩色灯因频率和色彩的不同，能产生不同的生理影响。有很多色彩和光线，即使用

肉眼无法看到，依然会产生很多影响。松果体和脑垂体会对光的流动产生反应，并释放荷尔蒙。这些反应并不仅仅由我们肉眼捕捉到的光线引起，并且会被我们的皮肤所接触到的光线所导致。这很值得思考，因为它指向了一个事实——我们整个的身体是一个原始的“全视觉”光线接收器，就如蠕虫或幼虫一般。很多光线实验是由大自然自身进行的：在北极圈内，因纽特的女人们在冬天最黑的几个月会停止月经来潮，导致暂时的不孕。相反，热带地区的女性全年都能受孕，除非发生饥荒或生活艰苦，

颜色是震动的光波，颜色越强烈，光波的振幅越大。这些光波的震动允许我们不仅可以用眼睛，而且能通过皮肤感知颜色！这就是为什么盲人也能感知到颜色。

感觉、思维、血压、体温、呼吸和脉搏的反应都受颜色所影响。

彩色的光线有治愈作用。例如，蓝光，被全世界用来治疗新生儿黄疸！你也可以每天用颜色来激发你的幸福感。

以下是有关不同的颜色如何影响我们和如何被感知的解释。

红 色

红色影响神经系统，因此会增加肾上腺激素的分泌。血压、呼吸和血糖指数会升高。性荷尔蒙会被激活，肌肉力量增加。红色是血和火的颜色。我们感到温暖；感到热情和积极。红色与爱、激情、欲望、能量、战争、危险、力量、权力和决策相关，因此也能引起不安和压力。在美国，拥有红色跑车的车主所交的交通保险费要比别人贵；有数据表明，开红色跑车的人更爱冒险，从而会制造更多的交通事故。

蓝 色

蓝色对我们神经系统的影响正好和红色相反。蓝色会导致肾上腺分泌皮质酮，由此导致血压降低、呼吸减慢、肾上腺素水平下降。蓝色增加体内的含氧量，降低荷尔蒙的活跃度，并减少炎症。我们认为蓝色让人平静，但也会让人抑郁。蓝色适用于过度活跃的儿童的房间。蓝色也与警觉和理智相联系。蓝色被认为是值得信赖、可依赖和忠实的颜色。深蓝色与财富和权力相关。

黄　色

黄色会提高警觉度，从精神上起刺激和鼓舞作用，因为它是太阳的颜色。黄色被理解为用来表达乐观、启迪、快乐、幸运、才智和能量。具有阅读障碍的人，据说可以借助黄色的墙或在黄色背景下阅读。黄色是一种天真率性的不稳定色。

绿　色

绿色被认为是中立的颜色。它让人冷静、放松，普遍被认为是一种寓意和谐、青春和新鲜的、令人愉悦的颜色。绿色促进发展、生长、多产、稳定和忍耐。绿色帮助我们集中注意力并使我们感到安全。

橙 色

橙色促进循环，与强烈的积极情感和消极情感都相关。它代表热情、浪漫、幸福、创造力、果断、吸引力、成功、鼓励和激励。橙色还会增大胃口和促进消化。在基督教中，它代表（七宗罪恶中的）饕餮。

紫色/紫罗兰色

紫色是由稳定的冷色调的蓝色和暖色调的红色混合而成。紫色与智慧、尊严、独立、创造力、神秘、魔法、力量、高贵、奢侈、王权和野心相关。它会启发和增强创造力。

粉 色

粉色是弱化版的红色所衍生和相关的颜色。它代表爱和喜欢，但非激情！粉色对女孩来说是激励的颜色，对男孩来说是冷静。有种特别的阴影色——米勒粉（Miller pink）——因能使人特别冷静，被美国很多警察局使用，他们将暴力的嫌疑犯带进米勒粉色的房间以让他们冷静。

棕　色

棕色代表稳定、可信任和可接近。它是阳性气质的符号。棕色是我们的本源——地球的颜色。它和一切自然、有机的事物相关。我们有时候也认为它和脏联系在一起。

黑　色

黑色吸收能量并且被认为是静止、安静和沉重的。黑色与力量、权威、典雅、死亡、邪恶和神秘有关。黑色被认为是一个非常正式和有威信的颜色。太多黑色会产生抑郁感，并且容易让人局促不安。黑色也可以被用于明暗对比，以突出物体，或小范围地制造紧张和活力。

白　色

白色与光、善良、宁静、天真、干净、中立、舒适和安全感联系在一起。白色是能衬托其他颜色，更显眼的一种颜色。太多的白色会给人冷寂和贫瘠之感。

灰 色

灰色是才智、知识和智慧的颜色。它是高贵的、保守的、权威的。灰色代表约束、克制、平凡、妥协，可以和自我约束与独立相联系。

在不同的文化中颜色象征的事物不同。在瑞典，圣诞节冰天雪地时，我们用红色装饰房子以带来温暖舒适的感觉。我们用蓝色、绿色和白色装饰卫生间，使其看起来更清新、干净。如果我们仅听从感觉的话，我们有利用颜色保持平衡的直觉。银行选用蓝色作为徽标，人们经常选择深蓝色的西装，并非是种巧合。消防车为什么用红色也很容易理解。有意识或潜意识地，我们一直都受颜色组合的影响。

深色会让事物看起来更小，浅色会使事物看起来显大。深色看起来沉重，亮色看起来轻快，有了这些知识，你可以根据自己的心情和自我表现，来改变和创造你自己（的风格 / 穿戴），以及周边的环境。

我们的家：

我们为自己打造了一个相当五彩缤纷的家。可能有些人会认为颜色太杂了。我们为一楼的客厅和厨房配上了黄色、红色和橙色的颜色组合。二楼，我们有两个卧室和一个办公室，分别刷成蓝色、粉色和紫色，这让人冷静，同时也受到激励。两层楼之间的楼梯用灰条纹来中和。

这个颜色组合我们已经用了13年了，现在依然很满意。我们18岁的女儿茱莉亚，希望能改变一下。她自小被色彩包围着长大，而且想要像其他的青年一样，做些与父母不一样的事。最近，她打算将她房间的墙壁刷成白色和米黄色。

很多人甚至都不会花时间思考，他们希望事物成为什么样子。他们不敢做自己想做的，而是去模仿邻居、朋友或家居杂志。这是很遗憾的，因为那些躲在家居杂志背后的人希望你经常添置新货。当我们追赶潮流时，我们很快就会感到厌倦，因为我们从未想过自己到底想要什么。也许之后我们不再会有那么强烈的欲望去改变事物。勇敢地做你认为正确的事吧！

形　式

自然的形态，我们的家，和我们的家具会影响我们的感受吗？当我在讨论形状时，也包括周围的线条，我们被水平、垂直、倾斜、笔直、平行、交叉的线条所影响。我们认为水平线是使人平静的。用线条去衡量你的家具、地板、书架、地毯和窗帘，你可以让你的屋子感觉更大、更小、更高、更矮或更圆。圆形和椭圆形的形状，比有着锐利边缘和转角的东西让人感觉更柔和、更愉悦。自然界中找不到完美的直线和平角。自然界中最普通的线条和形状让我们感觉最好。

索尔纳（Solna）社会心理学医药中心的建筑师和研究员阿兰·迪拉尼（Alan Dilani）在报纸上有一篇十分有意思的访谈。他说，在其他事物中：

经深思熟虑后建造的建筑和设计，能营造出一致性和安全感。也就是说这样的环境，从社会心理学的角度而言，有助于健康。如果我们所创造的空间，既有清晰的形状，在色调、材料、空气和光线上达成和谐，也有空间可供人们自然而然地聚集在一起，并保证每个人有独处的空间，那么我们创造的这个空间就是有益健康的。多项研究显示，引人入胜的环境能减低血压，增强免疫系统，平和心态，减轻压力和抑郁，以及减少对镇痛药品的需求。

好的建筑也会提升创造力，激发热情并使人快乐。

……因此，当今的研究显示，很小但很细致的思考，就意味着我们可以避免很多疾病……根据萨赫尔格雷斯卡大学（Sahlgrenska University）的英格玛·诺林（Ingmar Norling）的研究显示：我们的健康系统对自身健康问题仅有10%的影响。生活方式，例如我们生活中的娱乐活动和工作环境的影响大概占50%。我们生活环境的影响占20%，剩下的20%则与基因有关。

我们的健康只有20%仰仗于遗传，这是不是个令人高兴的消息？剩下的80%或多或少都是我们可以自己影响的。

总之，会让我们感觉更好的有：

· 家具、画、编织物和灯具的摆放，营造出的和谐和平衡感。
· 干净/齐整的空间和房间。
· 自然的图案和材料能带来舒适的感觉，如木头、竹子、草、贝壳、石头、玻璃、金属、自然编织物和羊皮。
· 光线充足，尤其是日光。
· 光线柔和，选大光源不如选很多小光源。蜡烛的光也能营造一种氛围。
· 水。使人平静并给室内干燥的空气带来湿润感。
· 能坐的家具，床放在能看到卧室门的地方。床不能放置在窗户下面。
· 你喜欢的颜色，而非时下流行的颜色。
· 画、照片等其他装饰物，要选取对我们有一定意义的。

· 养一些植物，它们会让屋子感觉舒适，我们也会有生活在自然中的感觉。盆栽植物能增加空间湿度，更易于呼吸。植物也会祛除空气中的化学气体和毒素。选些利于空气净化的植物，如：非洲菊、常春藤、秸秆龙舌兰、百合、富贵竹。

创造健康

Creating health

艺术和日常生活之间从来就没有界限，直到今天依然如此。北部斯堪的纳维亚的土著——萨米人（Sami），甚至用一个词来形容——Duodji。这个词同时也有传统手工艺制品的意思，意指萨米人的生活方式和对待人与自然的态度。艺术过去曾经融入到生活的每一个方面，包括狩猎、烹煮、生产必需品和纺织。艺术也是沟通、化解矛盾、治疗和医疗实践的一部分。直到上个世纪，艺术才作为一种特殊的存在，与我们的日常生活割裂开了。这不是件好事，因为这使得人们疏离而非团结。

苏珊的治疗：

当我因过度劳累和抑郁而休病假时，我做的第一件事就是睡觉。长期疲劳过度，导致我多年来身体多处病痛。锥心的疼痛阵阵袭来，如箭弩般射在我身体的各个部位。从迈茨和茱莉亚早上出门，到晚上他们回来，我一直都在睡。睡了6个月后，疼痛消失了！之后我开始去接受认知行为治疗，而且我强迫自己开始散步。我一直喜欢在森林里漫步。我喜欢它的味道、声音，它的宁静和静止，而且我经常会带点什么回家。2002年的春天，我折了几根桦树枝，做成花环挂在天花板上垂下来。我找了几把钳子和一根铁丝，编织这些桦树枝。（当我写到这里的时候我忍不住哭了起来，因为这件事对我来说是个重大的突破。）从此，我的生活激情被唤醒了！我并没有立刻意识到发生了什么，而是花了很长时间让一切恢复平静。没法准确说出我身上发生了什么。我用双手赋予了自己新的生命！现在我意识到了，是这项创意活动的强大作用，使我得以康复。

我继续尝试用铁丝做各类实验。这促使我后来开始做铁艺手工。通过茱莉亚学前班的老师，我接触到了羊毛。谢谢你，了不起的古妮拉！我爱上了将意想不到的材料结合在一起。现在我经常将很多旧物升级改造，材料的多样性和巨大反差，是我创造力的源泉。能进行创造已经成了让我活着和生存下去的动力！

新的研究和新的实验

近期，已有多项关于创意和文化活动如何影响我们的感受的研究。媒体报道说，跳舞以及在合唱团中唱歌，甚至戏剧都可以被写进处方。

人脑研究员庞图斯·瓦瑟林博士（Dr. Pontus Wasling）在他的《记忆的往复》（*Memory Back and Forth*）中写道：

> 一项关于芬兰奥斯特伯顿的研究显示出社会活动的重要性。这里的人们有说瑞典语的，也有说芬兰语的。这两组人群在心脏病死亡率上有着极大差异。尽管，他们有着相同的遗传基因背景，同样吸烟，进行的体育活动一样，饮食习惯和喝酒的习惯也差不多。产生心脏病死亡率差异的原因被认为是社会凝聚的不同。说瑞典语的人群比芬兰语人群有更紧密的社会联系，这足以让他们更加健康，也活得更长。而说瑞典语的人群之所以社会联系更紧密，是因为他们更经常参加合唱团。

还有些研究，是关于我们如何能在工作时间内利用文化活动，从而减少病假的。关于谷歌总部“自由日”的研究称，那里的员工们，可以每周挑一天做他们想做的任何事。这些“自由日”促成了更多的创造活动和自我约束，而这又将会提高员工的工作表现和生产力。

“真正的艺术是由极具创造力的艺术家在难以抑制的创作冲动下完成的。”

——阿尔伯特·爱因斯坦

通过研究，我们今天知道文化活动是如何影响身体的。伊娃·伯吉纳·霍维茨在她那本很棒的书——《为了健康而文化》中描述过几个方面的影响。书中，她描述了16种不同的文化和娱乐活动，它们对身体哪部分有影响，及如何改善健康状况等。通过编织活动就能降低体内的压力荷尔蒙，多神奇啊！我们还可以通过跳舞提高肌肉的记忆力，并通过写作来增强我们的免疫系统！

大脑和身体发生了什么？

简单地说，我们大脑的神经元是通过神经突触连结的。我们利用神经突触来促进和储存我们的所有思维和感受，但它们需要不断被刺激才能存活。当我们进行文化活动时，我们的大脑变得更加可塑，也即意味着神经突触点在增加，而且新的记忆细胞也被创造出来了。今天，我们甚至可以用特殊的拍摄器材测量大脑如何对不同的文化活动产生反应。有些活动能增强神经触点的顺应力。当活动增多，并使神经触点增强时，我们更易促成记忆力、思维和感受。它会让我们感觉更好。

当我们进行不同的艺术和文化活动时，我们开始感到身体在变好，压力荷尔蒙在减少，免疫功能增强，血压下降。仔细体会身体的感受，我们会更加平和。

当创造一些具体的实物时，我们能看到和感觉到，我们更加活在当下，我们有了相互联系的感觉，我们很放松，感觉更有活力，变得更勇敢，更容易戒掉坏习惯……还有更多好处呢！

霍维茨继续说道：

> 通过听唱诗或为唱诗伴奏之类的创作活动，对我们影响极深。创作让我们突破自我界限，并用新的知识鼓舞我们。这就是艺术和文化活动带来的精神影响和治愈效果。
>
> ……思维、神经系统和免疫系统共同作用，证明了艺术的治愈效用……精神的力量可以改变身体的各种机能，因此也被视为一种治疗方式。我们试着用符号补充一些我们无法用语言表达的感受。尽管这些符号并不能替代身体自身的符号和表达形式。文化活动，在某种程度上，可以满足文字和语言都无法创造的一种圆满和健康的感受。

能促进健康的活动需满足什么条件？

活动应该出于自愿。它应该让你感到激情和愉悦。

什么是创意活动？

创意活动包括创造新事物，改造旧事物，以及发挥你的想象力和角色扮演。孩子们的幻想类游戏和角色扮演对于他们的创造力发展十分重要。那些规矩繁多，竞争性、模仿性或纯粹功能性的活动（如骑自行车、散步），创意性都很弱。给予奖励并不是促进创意过程的好方法。

“所有的孩子都是艺术家。问题在于如何能让他们长大后仍然守住艺术天分。”

——巴勃罗·毕加索

点子是如何产生的?

庞图斯·瓦瑟林博士在他的《记忆的往复》中解释过记忆的基本结构。他写道，两种类型的记忆使用的是大脑的不同部分。一种类型是“我——知道——它”（聚合型）记忆，即你认识到有些事情可以做；而另一种是“我——知道——如何”（发散型）记忆，即你可以找到方法完成。我们必须将聚合型和发散型的记忆结合起来，创造一种新的点子。但拥有创造力，并不仅仅是这么简单。

如何才能更具创意?

第一步要做的是提高你思维的发散性，去练习了解事情是如何生效的。你可能知道一个经典的创造力训练：给一个人或一个团体一个文件夹、一枚别针、一把椅子，或其他一些不起眼的东西，让他们想出尽可能多的使用方法。另一个练习是在某个问题里加上否定词。第三种练习是问相加结果是8的数字组合有多少种，而不是问4+4等于几。

以下是一些个人和团体都可以使用的训练脑洞大开的好方法。

如果你想让自己变得更有创造力，你可以：

- 安静地休憩。
- 将几件事物联系在一起。将“我——知道——是什么”和“我——知道——怎么办”联系起来。
- 记得反思和总结。
- 敢于失败。
- 换换环境！换个地方、换个房间或外出旅行。
- 当你卡住时，停下来，干点别的。

· 逆向思维。

· 尝试以前未做过的事。

增强创造力和进行文化活动为什么对你有益?

创造力不仅仅对于艺术很重要。我们每天都需要创造力。当我们做决策，解决问题，与人沟通，以及处理我们孩子的问题和别的成人之间的问题时，我们都需要创造力。

我们的创造力越强，越会感到事情容易解决，我们也会感到更加舒适和有安全感。

鉴别一个人是否有创造力的一个方法是：有创造力的人会更开朗且更宽容。这不正是当今社会我们更需要的品性?

“创造力就是才智在找乐子。”

——阿尔伯特 · 爱因斯坦

改变和习惯

Changes and habits

“我也许并未达到应有的目标，但感谢上帝，我没有原地踏步。”

——乔伊斯 · 梅耶（Joyce Meyer）

当我们内心不安定的时候，生活习惯、正确性和常规对我们来说变得格外重要。当我们的大脑产生混乱时，我们经常会尝试从安定的环境中寻求补偿。

基于本能，我们一直都在寻求平衡。

我们在模仿周围人的过程中，所知道的和所做的，都是通过不断地重复已存在的习惯学来的。有好习惯也有坏习惯。好习惯会使我们更强大，坏习惯让我们感觉更糟糕。熟悉的事物使我们感觉安全和稳妥。即使是消极的事物都让我们感到安全，因为我们已经习惯了。

我们很容易被自己的习惯和观点所左右，并拼尽全力去捍卫。当你感觉不好的时候，唯一的解决方法就是改变。

改变就需要打破旧的坏习惯，并用新的、感觉良好的健康习惯代替！

我们的大脑厌恶改变。养成一个新的习惯需要三到四个星期，还是在你一直尽力重复的情况下。这也取决于我们希望改变什么。任何尝试过改变旧习惯的人都知道，这需要很长的时间，而且很难。你需要巨大的能量和勇气。你可能还需要你的家人、朋友甚至治疗师的帮助。

时刻谨记试图破旧立新的想法，是很难的。你可以随手设置提醒，贴便签，并请身边的人提醒你。

你为什么会养成一个或多个坏习惯的主要原因是这些坏习惯给你带来过好处，尽管这些好处并非对你有益！

“掌握一种新方法前，你必须习得一种新的思维方式。”

——玛丽安娜·威廉森（Marianne Williamson）

这么说也许很奇怪：即使坏习惯会带来压力、担忧和焦虑，我们依然会因其带来的回报而深陷其中无法改掉。很多人与“变得更好”作斗争，因为他们已经习惯了坏习惯带来的回报，这种回报是存在的，尽管你可能不相信坏习惯也会带来回报。

露辛达·巴塞特讲过一个很有意思的故事：

一位卡车司机在学完我的抗焦虑课程后与我联系。他说这门课程对他毫无帮助。我问他对开卡车有什么感觉。“我讨厌它！”他说。我问他是怎么让自己变好的。“我请病假了！”

难怪他的焦虑症没有变好。他不变好，就能以此为借口休病假，休病假就可以逃避他讨厌的工作。

若要培养一个新的习惯，它必须能带来一定的回报！当你想戒掉一个坏习惯，并用好习惯代替它时，你需要用点什么来更换大脑中的回报体系，至少不能比坏习惯带来的回报差。

安静平和地坐下来，并记下继续现在的坏习惯所能得到的报偿。你要对自己诚实。

也许你会发现，当你感觉很差时，你会从他人那得到更多的关注。也许你在逃避责任和义务，因为你身边的人都在关心你。也许家人不会希望你能帮忙做家务，因为他们怜惜你。

你的病痛也能成为你逃避做重大事情的理由，比如换工作，摆脱掉一段糟糕的关系等。

责怪别人很容易，尤其当你成长在一个有各种问题的单亲家庭中。尝试接受过去。试着为过去的事原谅自己和他人，并让生活继续。你也许需要从治疗师那儿寻得帮助。

当你明白要对自己的人生负责时，你可能会感到害怕。但那种恐惧也会因你要掌控自己的人生，而在同样的程度上，转换成愉悦感。当你决定做积极的改变时，你就会成长为真正的人!

从改变和康复中所获得的益处，远比以消极态度作为借口所获得的有限回报大得多!

你要对自己负责，别再责怪他人。要知道是你自己决定是否需要做出改变，来减轻你的压力、担忧或其他消极行为。

“当一个人让自己冒险并敢于参与到自己的人生实验中时，他正在改变和成长！”

——赫伯特·奥图（Herbert Otto）

·

我们都听过各种各样的理由。“我改不了”“我就这样”“你知道我的”“这是我的风格”“我一直都是这样的”，等等。这些话的意思就是说他们不想改变，也表明他们害怕改变。这说明那些人拒绝成长和进步成为一个“人”！

假设生活就像一个装着很多小礼物的大礼包。你还没将所有礼品盒都打开呢。你对改变的抗拒，阻碍了你打开其他礼盒的好奇心。一旦你开始打开几个盒子，你会发现，礼物是无限的！不打开你的礼物，就像阻止你自己朝一种更好的生活迈进！

不要凡事都推到明天，直到你更健康或直到别人取得了主动权。如果凡事都推到明天，人生实在太短。试着更多地活在当下！

以下是从列奥·F·布斯卡利亚（Leo F. Buscaglia）的《生活、恋爱、学习》（*Living, Loving, Learning*）一书中摘录下来的很棒的话：

“大笑会有被别人当成傻子的风险。”噢，那又怎样呢？傻瓜们欢乐更多。

“哭会被人认为很多愁善感！”对啊，我就是很感性。我喜欢感性！眼泪是有帮助的！

“向别人伸出援手会有被卷入麻烦的风险。”谁会冒险卷入麻烦？我想被麻烦。

“暴露你的感受，就是展示真正的自我。”除此之外，难道我要展示别的什么吗？

“在人前说出自己的想法和梦想会被人说很天真。”噢，我还被说过更难听的呢。

“爱一个人要冒着没有爱的回报的危险。”我并不喜欢作为回报的爱。

“活着就有死去的风险。”我准备着呢。当你听到布斯卡利亚（作者本人）在空中爆炸或掉下来摔死了的消息，千万不要流一滴眼泪。他满怀热情地这么做呢。

“有希望就有失望，有尝试就有失败。”但是风险一定会有的，因为人生最大的风险就是什么都不肯冒险。不肯承担风险的人最后一事无成，一无所有，什么也不是，最终一无是处。他可能避开了痛苦和悲伤，但他显然不会学习，没有感觉，不懂改变，不会长大，不会爱，也不懂生活。他一直被确保万无一失所束缚，只是个奴隶。他放弃了自己的自由。唯有肯冒险的人才有真正的自由。尝试一下，看看会发生什么吧。

这就是关于敢于在生活中冒险。
这就是生活的意义所在。

能量小偷

你可能想知道，当你开始改变自己和你的生活的时候，你身边的人会有什么反应。他们可能会有正面的反馈，在你敢于为自己站出来，并将自己的需求放在首位之后，对你产生新的敬意。而那些不这么做的人，可能无法适应你的改变，因为嫉妒，或因自己没有能力改变而不太满意。你大可不用考虑生命中这类人的感受：他们没有带来什么积极的效应，相反会耗掉你的精力。他们更倾向于认同没改变之前的你。他们可能会觉得你突然说出一些他们听起来不顺耳的话。你可能做了一些你以前从未做过的事。他们会感觉你变自私了，因为你可能突然说“不”，或者敢设定界限了。

让自己身边包围着希望你好的人。

你要问问自己你改变之后，谁是受益最多的人。

改变应从内部开始，从你的思考方式、反应方式及与他人的连结方式开始。你是如何让周围的环境影响你的呢?

你如何看待自己和你的机遇？知道自己想要什么十分重要，那样你就会坚持自己的行为，从而实现自己的目标——因为它们是你的目标而不是别人的!

每天都是新的一天，而你来决定如何度过!

如果不努力，不会产生任何变化。你唯一需要知道的就是，如果你想，你就能创造自己的生活，否则你就只能被别人左右。这个社会总是要求我们随波逐流，独具一格并不容易。

迈茨的借口：

若问我自己从压力、担忧和焦虑中得到了什么，我只能承认它们是如何伤害我的。今天我把它们看清楚了！原来是我不用在家中做事尽义务。我逃避打扫房子，洗衣服和做饭，我想着反正苏珊在家休产假！看到我每次回家时，压力那么大，又累又沮丧，她从未要我帮过忙。我经常会找出一个又一个的理由，解释我为什么没有去运动。实际上，只是因为懒，我没有把自己的身体健康放在首位。当该去健身房时，我也感觉不舒服，因为里面的人全都比我身型好。但是无论多累多忙只要我强迫自己去锻炼了，我能感到有强度的优质锻炼，的确减轻了我的压力和焦虑。

现在健身成了我的一个好习惯。没什么事情可以阻挡我健身。

苏珊的消极行为：

年轻的时候，我的消极行为方式表现在诸多方面，攻击性行为就是其中之一。很明显我从攻击中获得了回报，因为它塑造了我的风格。不是说我懒：我工作很努力，基本上都是亲力亲为，并喜欢做决定。我努力工作，以获得褒奖。我常不断地表达自己的观点以为人所知，这样我就不会显得浅薄、沮丧、无知和乏味等。我担心自己不被人喜欢，因为实际上，我是个自我评价很低的人。我从这些行为中得到的回报如今变得更加清晰。现在，我已经开始着手一点一点改变。我已经意识到我能被人喜欢的原因很多，不仅是我的表现。

作为夫妻和家人，我们已经做了很多改变来“回归”家庭和活得更满足。我们觉得要做的一个重要改变是不要做太多工作。为此，我们必须减少开支。我们卖掉了大房子，买了个便宜点的小公寓。我们卖掉了一辆车，并检查了我们的其他支出，看看哪里还可以减省。

我们做了很多改变，以创造更有质量的生活。我们还改变了饮食习惯，烹饪的时候做更健康的选择。我们交谈得更多，并尽量每天晚上一起在厨房安静地享受平静的晚餐，这也是我们分享白天经历的时候。每个人都有自我反省和了解对方的机会，而不是匆匆擦身而过。我们还尽量在吃饭时不看手机。

打开你的心灵，做出改变并创造新的积极的习惯，这是一段兴奋的旅程，让自己沉浸其中吧。快打开那些令人兴奋的新礼物吧——它们正在前面等你呢！

“如果我们全都朝同一个方向走，我们将永远不会相遇！”

——佚名

你值得感觉更好!

You deserve to feel well!

“享受生活中的小事。有一天当你回看时，会意识到小事并不小。”

——佚名

你有没有感觉到你从这本书中学到了很多？我们希望，这本书可以帮你开始反思你处于人生中的哪个位置。

第一步先回想你生命中美好的事物并记下来。感恩对灵魂有益！

然后再记下那些不美好的。

当你这么做的时候，你将会找到你想改变现状的原因，同时也能找到改变的动力。

借着这本书中所介绍的小秘诀、建议和技巧，你可以开始转变为能够实现自己目标的人！

你能转变多少，是由你选择怎么去想决定的。你选择关注什么呢？是每天中消极和困难的一面，还是可以带给你愉悦和积极的一面？这是你的选择——没什么人可以替你选择！你的压力和担忧，大都是由你自己选择的思考问题的方式决定的。想改变永远不会晚。即使你童年时期从来没学过应该把什么视为最重要，你今天依然可以开始学习。

如果你发现从这本书中得到的知识和建议不足以帮助你，不要犹豫，去找医生寻求更多的帮助。坦诚告诉医生你的感觉和症状。一旦你迈出了第一步，你会感到如释重负，而你的改变也才能开始。我们知道这是可以的。你不是一个人在奋斗。

所有人身上都蕴含着巨大的积极能量和力量。只是有的人需要人帮助去发现这一点。

你值得感觉不错，而且你可以改变！

总有事情是值得感恩的！

今天的迈茨和苏珊

Mats and Susan today

今天，我们明白更加积极和现实地思考问题是多么重要。我们每天提醒彼此，因此不会忘记。我们更加关注自己的身体，当我们没照顾好自己时，我们会注意到身体各个部分的反应。我们十分重视身体发出的这些信号，并尽可能健康地生活。

今天的我们已经敢于说“不”，我们有更现实的期待。我们已经学会坚持自己所信仰的事，我们在接受和喜欢自己方面做得更好了。

我们现在会把自己放在第一位，因为我们知道这有利于我们全家。我们极力尊重彼此，并更多地倾听彼此的意见。

我们提醒自己什么是生命中最重要的：

我们拥有彼此，拥有女儿茱莉亚、临时寄养的孩子艾尔莎和马丁、父母和兄弟姐妹。我们提醒自己，我们拥有健康的身体，这有多棒！我们尽可能鼓励、表扬和照顾彼此。我们尽量每天提醒彼此更多地活在当下。这很容易记住，因为我们都在朝着共同的目标努力。

今天，我们在瑞典的卡尔玛附近经营一家名为“心灵健康教育”的公司。公司设在一栋19世纪的漂亮房子里，我们拥有办公室、工作室、精品店和授课区。我们提供个人和配偶共同参加的辅导。

“让你的意识时刻关注此时此地，自然地成为生活的一部分。这将改变你的整个生活。”

——迈茨·比尔马克和苏珊·比尔马克

我们要感谢

We want to thank

写这本书是项艰巨的任务。我们很感激给我们提供帮助的朋友和家人，他们给予我们很多支持、建议、知识和灵感。没有你们，我们永远无法完成这本书的创作。

我们尤其要感谢……

马西亚斯·比尔马克（Mathias Billmark），感谢你的想法和耐心。感谢你的知识和你的帮助，让这本书成为了我们希望的样子。

甘· 丹布朗斯基· 尼尔森（Gun Dombrowsky Nilsson），感谢你的细心，和你对我们写作的理解。

伊娃·斯约德和史提格·斯约德（Eva and Stig Sjöde,），在我们最困难的时候，感谢你的支持。如果没有这对夫妻，我们今天不会在一起。

茱莉亚·比尔马克（Julia Billmark），感谢你对妈妈和爸爸以及我们所有特别的项目的耐心。

尤拉·比尔马克（Ulla Billmark），在我们没有时间的时候，感谢你照顾我们的狗——爱丽丝，感谢你也顾及到那些对我们来说意义重大的小事儿。

迈克尔·沃思维恩（Mikael Werthwein），感谢你的参与和激情。你是真正的朋友。能在写作的过程中得到你的反馈，实在是太棒了。感谢帮我们作的润色和修改。

培拉·弗莱堡（Pelle Friberg），我们的好帮手，一直帮我们处理些技术性难题，不论是拼装书架还是给予我们信息技术的支持。

佩尔·埃里克森（Per Eriksson），我们的会计师，从第一天开始就相信我们的理念。

欧洛夫·恩斯特罗姆（Olof Enström），耶夫·特罗恩德勒（Yves Troendlé）和罗纳德·罗森格仁（Ronald Rosengren），感谢你们的敏锐和检查印刷错误时的神速。

卡洛林·迪克曼（Carolyn Dickman）——露辛达·巴塞特的CEO，感谢您意外而具有启发性的信。

伊爱娃·爱伦比（Ylva Ellenby），感谢多次愉快的交谈以及提出的好建议。

英格-里尔·摩仁-胡宾纳特（Inga-Lill Morén-Hübbinette）——我们的医生，感谢您对我们疾病的严重性的了解。

“铁人”托马斯·古斯塔夫逊（Tomas “Ironman” Gustavsson），感谢您对我们的信任和对我们这个项目的支持。

吉利·斯文森（Jiri Svensson）——迈茨的心理医生，再也找不到比您更称职、学识更渊博的认知治疗师了。

卡勒·瓦尔堡（Kåre Wahlberg），我们住在奥兰德小房子时的好房东，我们在你那儿创作了这本书。